生と死

ある「在日」の断想

尹健次

윤건차

クレイン

生と死——ある「在日」の断想❖目　次

I　死に向きあう

II　漂泊を生きる

Ⅲ　四苦八苦をどう乗り超えるか

Ⅳ　「老い」をどう生きるか――「仏教アナキズム」という考え方

V 日本語と朝鮮語――主体の揺らぎ

VI 竹内好の思想に学ぶ――「在日」にとっての絶望、抵抗、敗北感の持続

✣カバー絵イメージ
（ラースロー・モホリ＝ナジ〔無題、一九二三年〕より）

I　死に向きあう

「死に向きあう」という題名で文章を書くとは思ってもみなかった。雑誌『抗路』第9号（抗路舎、二〇二二年一月）に「「老い」をどう生きるか――「仏教アナキズム」という考え方」という文章を書いたが、いちおうこういうことを考えながら暮らしていきたいという、願いというか、想いを書いたつもりである（本書Ⅳ）。雑誌が出た後それなりにいくつかの批評をいただいたが、まだまだ老いてないから、あんな文章が書けるのだとか、もっと突っ込んで、死について書いて欲しい、おまえはどういうふうに最期を迎えるつもりかを書いて欲しいという声が聞こえてきた。面白いという か、ある意味で意外な反応だと思ったが、私自身、「老い」を超えて、「死」とは何かについてあれこれと思うところがあったので、この際、ひとつ、「死」について書いてみようかと決意するようになった。もちろん、テーマがテーマだけに、何か明確な結論を出せるはずのものではないが、古今東西、「死」に関する論述は数限りなくあるし、「在日」のひとりとして、私も挑戦していいのではと思うに至った。「死」の思想についての思索ノートとでも言っていいのか、結論なし、明晰な論理なし、ただ書いてみたいと思ったのである。所詮、生き物である人間の分際で、生は話すことはできても、死については語れないのかも知れないが。

死について は誰もが想い、悩む。

朝日新聞の「声」欄に中学生の女の子がこんな文章を投稿していた(二〇二二年二月七日)。

「死んだら、どうなるんだろう。私はよく、そんなことを考える。天国や地獄という死後の世界が本当にあって、そこで存在し続けることができるのなら、そう願いたい。けれども、死によって私の意識も、心も、何もかもが永遠に消え失せてしまうとしたら……。いま、これを書きながらも私は、底なし沼に沈んでいくような恐怖に襲われている。……他の人はどうだろう。私が敏感なのかと思ったが、まわりの友人に聞いてみるとやはり、恐ろしくて考えるのをやめるという。この恐怖からどうやって逃げたらいいんだろう。大人になったら、怖くなくなるのだろうか」、と。

一　死についての想い

大人になって、あるいは高齢になったからといって、死に対する恐怖がなくなることはもちろんない。歳とったぶん、あれこれと考え、解釈し、煩悶し、納得しようとするのかも知れないが……。私はいままで、何度か、「生き抜いて欲しい」という言葉を言われたことがある。とてつもなく苦しいとき、誰かに何かを訴えたときに聞かされたのだろう。しかし、「生き抜く」とはどういうことなのか、いまもってよくわからない。

誰もが死について想いはするが、健康なときはそれほど考えない。命あるものは、きっと死を迎える、しかし、自分の死は経験できない。だから、「他者の死」を通して、自らの死を受け入れていく以外にないのかも。死について書くことは、生について語ること。自分の生が下敷きにあって他者の生についても語ることができる。生の限界、つらさ、しがらみ、苦しみ、などなど。自分ひとりでは生きてはいない。ソクラテスは「哲学するとは、死の練習である」と言ったそうだ。死を考えるということは死への準備、あるいは心づもりだと言ってよいのかも知れないが、そこから「より良く生きる」ということを徹底して考える、するとその先に、自ずから「死」というものが見えてくる、ということではないか。もちろんソクラテスは「無知の知」とか、「不知の自覚」を説いた偉大な哲学者である。ソクラテスは、対話相手の無知を知りながら、直接的に無知だと断じるのではなく、対話相手に考えさせ、問い続けることで、相手が自ら自覚するように仕向ける。「いのちの終わり」はいろいろであるから、それを無視して勝手に人の死について論じるわけにはいかない。

どんなときに死について想いをめぐらすのかといえば、およそ三つのことが考えられる。一つは近親者の死であり、ここには配偶者の死も含まれる。二つ目は一般的な他者の死であり、そして最後に自分の死である。ここで自分の死というのは実際には誰もが知ってはいるが、現実には自分が死ぬとは思ってはいない。いつも他者に死を割り当てて、自分の死は引き延ばしてしまう。しかし「老いることは、自分の付き合っている他人が死ぬことなんです。他人の死を見送ることです。自分が死ぬ時はわからないんですから、死ぬ瞬間は、他人が死ぬってことなんですよ。このことを通して自分で死を体験する。老人の時間はそういう時間です」(鶴見俊輔『神話的時間』熊本子どもの本の研究会、一九九五年)。つまり死は、「喪失」という生の体験であるということであろう。

私の妻が肺がんで亡くなったのはもう一四年くらい前のことであるが、一年間看病しながらもその予期される死を自分の死とは直接結びつけず、じっと見ていたのではないかという気がする。ましてや私が妻に、何か、死を迎えるのを支えてあげたのかというと、まったくそうではなかったと思う。もちろん妻の死後、私は強い悲しみに襲われ、茫然自失の状態になったが、それでも一定程度の距離をおいて一年間過ごしたことは確かである。いろいろな本を読むと、高齢になると、老夫婦のどちらか一方の死は、自分の死と別のものとは捉えにくくなり、一方の死は他方の死と否応なしに結びつけられて考えられやすくなるという。つまり老夫婦の場合は、二つの死が一つの死として捉えられやすくなるということであろうが、六〇歳半ばの私はそうではなかった。

私の妻の死について書いたが、じつは妻の臨終には立ち合っておらず、死後ほんの少し経ってから妻の死に顔を拝んだのである。当時は長野県・蓼科の山の家に住んでおり、もういよいよお終いが近いと悟ったとき、茅野市の病院で妻を娘夫婦にまかせて急いで東京の自宅に寿衣(還暦のときに私の母が作っておいてくれた死に装束)をとりに帰ったのである。夜一二時頃に世田谷の家に着き、少しは眠らないと、と、ベッドに横たわって一時間くらいだったろうか、娘から電話が来て亡くなったと。慌てて中央高速を時速一三〇㎞くらいで飛ばして戻ったが、妻はそのときはすでに永遠の眠りについていた。高速を走るときの私の心情は言い表しがたいものであったが、そこには妻の死を看取れなかった自分自身への憤まんがあったのではないか。その後の私の衝撃、戸惑いは詩集『冬の森』（影書房、二〇〇九年）に凝集されている。考えてみれば、私は近親者の臨終に立ち合ったことがない。祖母や父母、いずれも離れて暮らしていて、知らせを聞いて駆けつけただけである。

死とどう向きあうかは、人生の生き方を左右するはずである。臨終には立ち合わなかったが、神奈川大学に勤めて何年かして、他学部ではあったが同僚で、在日朝鮮人運動に奔走していた梶村秀樹の死は私に少なからぬ衝撃を与えた。死に顔ははっきりと覚えている。一九八九年五月であったが、おそらく私が記憶している死者の顔としては今に至るまでもっとも強烈というか、鮮明なままである。細い身体であれだけ運動や研究にのめり込んだ人の死、その痩せ細った死に顔の神々しさ。お骨を骨壺に入れたときの気持ちを思い出すとき、本当に人間の死は言葉に言い表せないものだと今でも思っている。

老いの先には必ず死がある。みんなわかっているのだが、しかし実際にはそうすんなりとわかっているわけではない。理性的にはそうであっても納得がいかないのである。死はいつでも覚悟しようとしてできないもの、不意打ちのものである。誰も万全な準備などできないのである。それどころか、死ぬことはわかっていても、自分は死なない、と思い込んで生きているのが普通のようである。まあ、死に方がヘタというのか。死を意識しながらも、不老長寿ばかり願い、健康こそは幸せとサプリメントにのめり込み、よくてジムの運動に励む。都会化がすすみ、昔のような村落共同体や家族制が崩壊したいま、死を自然に受け入れる気持ち、あるいは死に対峙する勇気がなくなってきたと言うべきか。のんびりと死んでいく心構えがなくなったと言うべきか。まあ、冷静に考えてみると、健康をできるだけ維持することは大事だけど、老いとか死と闘うべきではないと、私自身、理屈では思うのだけど。仏教の『涅槃経』（ねはんぎょう）に「寂滅為楽」（じゃくめついらく）という言葉がある。「寂滅」は煩悩の消え去った究極的な悟りの境地であり、したがって寂滅為楽とは、迷いの世界から離れた心安らかな悟りの境地が、楽しいものであるということ。他の言葉で言えば、迷いを絶ち切り、心の安寧を得ることは楽しいということ、究極の悟りの境地こそ無上の喜びであるということになるだろう。しかしそんなに自分を研ぎ澄まそうとすることもないではないか、私の知るかぎり、そんな境地にはどんな高僧であっても辿り着くことはないと思っている。最高の智慧を求めるという仏教の経典『般若心経』（はんにゃしんぎょう）に「無智亦無得」（むちゃくむとく）という言葉が入っている。智慧にこだわってはダメ、得ることにこだわってもダメだというのであろう。

ただ考えようによっては、死には一種の安堵感といったものがあるのかも知れない。未来永劫に生き続け、現世の苦しみが続くという想いに囚われれば気が狂うようで、生きようがなくなってくるのかも知れない。仏教の来世観に「六道輪廻」というのがある。普通は単に「輪廻」というが、衆生（しゅじょう）はその業（ごう）に従って死後に赴くべき六つの世界を生まれかわり死にかわるという。地獄道、餓鬼道、畜生（ちくしょう）道、阿修羅（あしゅら）道、人間（にんげん）道、天道を言い、六趣（ろくしゅ）とも言う。人・天の二道は善趣、他の四道は悪趣とされる。韓国の人びとに人気のあった性徹《ソンチョル》スニム（僧侶）は、一七歳で仏門に入り八二歳で入寂するまで修行に明け暮れるが、後年には「自分の言葉はすべてウソだ」、「私の言葉に騙されるな」と人びとに諭したという。そして「天国に行くのか、地獄に行くのか、何が心配なのか」、「天国に行くなら心配することはないし、地獄に行くというのであっても、又、何の心配をするのか、いずれにしろ心配することは何もない」と言ったという。無限の安寧というのは想像しにくいし、かえって地獄のほうがいろいろあって面白い、とでもいうのであろうか。しかし天国であれ、地獄であれ、本質的には何も違わないはずだと言っているのだと思う。

その結果というか、自死という考え、選択が生まれてくるのかも知れない。人はいくら自由意志で生きるものだといっても、そうそう自分で思うままに自由に生きているわけではない。いろいろと思い悩んでみると、やはりまだ元気なうちに自分で決着をつけようとおもいさだめ、決行するということにもなるが、それが絶対にいけないことだと決めつけるわけにはいかない。とくに今日のように経済的な貧窮がきわまっていくなかで、寿命が延びて、それでも最後は病院に入って死ぬことが予見されるとき、その宿命から逃れる手立てとして自死を選択するのもやむを得ないことではないかとも思う。このことは、安楽死はよいのか、という問題に繋がっていくのかも知れない。

元気なうちに決着をつけようという考え方は歴史的にもいろいろと言い伝えられている。カール・マルクスの娘婿であり、社会主義者であり、批評家・ジャーナリストであったフランスのポール・ラファルグはその代表的な例であるかも知れない。産業化した資本主義社会での賃金労働の非人間性を批判した著作『怠ける権利』(Le droit à la paresse)で知られるが、実際にも労働者階級の運動現場で大きな働きをした。その彼がよりによって一九一一年に七〇歳を目前に妻のラウラとともに自邸で自死を決行し、大きな批判を受けたのである。ネットでの引用になるが、遺書にこう書いたという。「生活の快楽と喜びが一つひとつ消えていき体力と知力も衰えてそれが重荷にならぬうち、心身ともに健康である時に自分は生涯を終えることとする。この数年来、私は齢七〇は越えないと心に決め、死への門出をこの歳に定めて自決する手段――青酸の皮下注射――を準備してきた。四五年間我が身を捧げた立場が近い将来勝利することを確信しつつ、私はこの上ない歓喜を以て死ぬ。共産主義と第二インターナショナルに栄光あらんことを!」(Wikipedia)。もっとも、ラファルグの遺書にはこう書いてあったというが、はたして彼の自死の理由をこのようにだけ理解するのには疑問も残る。

戦後の日本で言えば、ノーベル文学賞作家の川端康成が、七二歳でガス管をくわえて自殺したことが想い起こされる。ノーベル賞受賞の記念講演の題目は「美しい日本の中の私」であり、日本そしておそらく自分を美しいものと捉え続けたのであろう。自分の美学に殉じたとでも言おうか。「もののあはれ」という言葉に象徴される日本人の心性、盟友三島由紀夫の割腹自殺など、その理由はいろいろととりざたされはするが、やはり老醜への恐怖が大きかったと言われる。ただ、自死した者についてはむやみに語るべきでないとよく言われるが、たぶんそのほうが賢明だとは思う。

二　死生観のいろいろ

あらためて考えてみると、人はそんなに自分の死を納得し、受け入れられるものなのか。私にはそうは思えないのである。生と死は連続しているとか、あの世はこの世の続きだとか、いろいろ言うが、私にはよくわからない。そこで死に関する本を何冊か読んでみた。フランスの哲学者ヴラジミール・ジャンケレヴィッチの『死』(中澤紀雄訳、みすず書房、一九七八年)や『[新装版]死とはなにか』(原章二訳、青弓社、二〇〇三年)、イェール大学で二三年連続の人気講義だというシェリー・ケーガンの『死とは何か』(柴田裕之訳、文響社、二〇一八年)、ドイツ生まれのイエズス会司祭で哲学者のアルフォンス・デーケン『死とどう向き合うか』(日本放送出版協会、一九九六年)、野坂昭如編『死』(作品社、一九八二年)、など。

ジャンケレヴィッチはロシア人の両親のもとフランスで生まれ育った哲学者であり、ベートーヴェンの音楽を語るのが難しいのと同じように難解極まりない思想表現をするという。「死の神秘と死の現象」から始まる五二〇頁に達するその訳書『死』は、読んでもチンプンカンプンというくらいに理解しがたいものであった。ただ「死は確実、その時は不確実」という言い方は明晰であり、また「(死は)永遠に最後!　状況に左右される質という点で最後ではなく、その事実そのものが最後なのだ。死は、……端的純粋に、つまり絶対的に存在を停止することだ」と言い切っていることにかえって安堵する。「端的純粋」に無と化すという事実を目の前に突き付けられるとあまりにもおぞましくなるが、これはやはり受け入れる他はなかろう。

同じジャンケレヴィッチであっても、『死とはなにか』は対談集だけあって少しは読みやすい。死は個人的にはいくら悲劇であっても、種としてのヒトにはなんら差し障りがないと強調する。そして「死は生に立ちはだかり、生を限界づけます。いつの日か死は生を断ち切る。しかし同時に、私たちは知っています、死がなければ人間が人間でさえないことを。大いなる生には死がつねに影のように従い、生に熱と光と力とを与えることを。それゆえ、死なない者は生きない、といえるでしょう」と。つまり「死ぬことは人間の生の条件そのものです」と言うのであるが、こういう言い方は鮮明で衝撃的に聞こえる。「死は生を無意味にすることによって生に意味を与える。死は生に意味を与える無意味なのです」と。ここでジャンケレヴィッチは、「生の不滅性」を論じてはいるが、だからといって、普通よく言う「魂」なるものを信じていたとは思えない。

ジャンケレヴィッチは死後の生ということを考えるとき、そこに人間のこころにどんな糧も与えないような宗教は宗教ではないと断言する。「信者は、神の存在と死後の生を確信している」と述べてはいるが、同時に、自分は信仰者ではないと言う。無信仰者は信仰者以上に不快で困難な中で生きなければならず、それが「哲学する」こと、「論理的思考をする」者の定めだと言っているようである。ここに何か、「在日」を考えるヒントというか、「宿命」のようなものがあるのではないかという気もするが。

「死に向きあう」という題名を掲げて論じているつもりではあるが、私自身よくわかって書いているわけではない。むしろわからないままに一度は書いてみたいのだというほうが正しいであろう。こんなことを書いてきて、私なりに何か言い切ってしまう言葉はないものかと考えあぐねてみたが、「死は生の中にある、死によって生は完結する」ということではないか、と、いったんは思うようになっている。その点、シェリー・ケーガンの『死とは何か』は面白い。イェール大学で長年の人気講義だというだけあって、読んでみてわかりやすい気がする。道徳哲学・規範倫理学の専門家だというケーガンは、ジャンケレヴィッチと同じく「哲学的な思考」「論理的思考」で考えると述べている。「人間は死んだらどうなるのか」、「私たちには魂があるのか」と。死が本当に悪いものなら、逆に不死が良いのか、と。そして言う。「私は魂が存在しないことをみなさんに納得してもらおうとする」、「不死は良いものでないことを納得してもらおうと試みる」と。しかも「本当は、肝心なのはみなさんがけっきょく私に同意してくれることでもないと言っておくべきだろう。大切なのは、みなさんが自ら考えることだ」とも。つまり死についてよく考えてみなさい、そしてしっかりと生きてください、と言うのである。

ただそれでもケーガンの結論めいた言葉は紹介しておかなければならないと思う。「魂など存在しない。私たちは機械にすぎない。もちろん、ただのありきたりの機械ではない。私たちは驚くべき機械だ。愛したり、夢を抱いたり、想像したりする能力があり、計画を立ててそれを他者と共有できる機械だ。私たちは人格を持った人間だ。だが、それでも機械にすぎない。そして機械は壊れてしまえばもうおしまいだ。死は私たちには理解しえない大きな謎ではない。……そんなわけで、死について考えるとき、死を深遠な謎と見なし、恐ろしくて面と向かえず、圧倒的でぞっとするものと捉えるのは適切ではない」と。つまりは、恐れたり、幻想を抱いたりせずに死に向きあうようにして欲しいのだ、ということである。言い換えるなら、死をしっかりと凝視しながら、生の限界を極めて欲しいということなのだろう。

もっとも、霊界の存在を信じるグラフィックデザイナーの横尾忠則は、仏教の輪廻転生が死の恐怖に対して逆に救いになるという。人間は所詮ひとりでは生きていけない。人智を超えた神仏の助けなくてはどうにもならない。物質的なものは時期がくれば必ず消滅してしまうが、魂は永遠に消滅しない。禅は信仰ではなく信心だと言い、天を仰ぐのではなく、自分の心を信じることらしい、と。そして輪廻転生は、魂を向上させるために、神が人間に与えてくれた絶好のチャンスなのだ、と（前掲、野坂昭如編『死』）。

まあ、こんな程度なら、別に事新しい話ではないと思うが、いずれにしろ死を真正面から考えないのが私たちの現実であろうとは思う。とすると、こちら側にいる私たちは、生きることを必死に考えること、先に述べた言葉を使えば、「生き抜く」とはどういうことなのかを、さまざまの場面、切り口で論じるということになるのだろう。しかも、人生はすべて個別的で、歴史的なものである。「在日」の場合には、そこに民族的な側面が際立って目立つことになる。アルフォンス・デーケンは『死とどう向き合うか』で、日本では死生学探究の営みが少なすぎると言い、死とどう向き合って生きればいいのか、「死への準備教育」の普及こそが急務であると説く。考えてみれば、日本の死生観の歴史を振り返ると、仏教に根ざした輪廻転生の思想や、あらゆる自然現象の中に祖霊の存在を信じ、これを祀る慣習など、奥床しい伝統が息づいていたが、現在ではそれが有名無実と化しつつあると言う。そこで「死への準備教育」が必要だと言うのであるが、それでは「在日」はどうかと言えば、大部分が無信仰者で、死を考える伝統も持ち合わせているのかどうかも怪しい。それでも何かにこだわって生き死んでいくかぎり、「在日」特有の場面なり、切り口は当然あるはずである。

例えば、死に際して本人がどう言ったかは別にして、生涯にわたってある想いに囚われて死んでいった者を思い浮かべることができる。作家・評論家の尹学準《ユンハクチュン》がそうである。私の父と同郷であったが、金達寿《キムタルス》の作品『密航者』（筑摩書房、一九六三年）のモデルとなった尹学準である。朝鮮戦争の惨禍を逃れて日本に密航して以来五〇年、尹学準の生の根幹にはその苦しい密航体験があった。文学を志し、法政大学文学部を卒業するが、卒業後、朝鮮総連（在日本朝鮮人総聯合会）の新聞社に入って民族・祖国・統一に夢をかけて一心不乱に働く。その間密航者であることを隠して（私の父の助力もあったと聞いているが）偽の外国人登録証を使うが、北朝鮮および総連と訣別後、東京入国管理局に自首して収監される。が、かろうじて釈放されて特別在留資格を得る。晴れて本名の尹学準を名乗ることになるが、それは在日朝鮮人としてはそれほど珍しいことではなかった。「在日」の少なからぬ者は密航の経験者であり、それは人生の基底をなしていた。尹学準そして密航者のありようについては私も『「在日」の精神史』（全3巻、岩波書店、二〇一五年）でかなり詳しく論じたことがあるが、関川夏央の『人間晩年図巻　２０００−０３年』（岩波書店、二〇二一年）でも触れられている。

尹学準の場合には、その密航体験に加えて、拭いがたいヤンバン（両班）意識というものが生涯にわたってくっついていた。私の父もそうであったが、どんなに貧窮に瀕しても、また「他郷暮らし」に身を落としても、「族譜」（家系図）にこだわり、支配階層出身の身分意識を持ち続けた。私にとってはおじさんになる尹学準とは一緒にお酒を飲むときもあったが、晩年になるほどにその意識は強まり、対外的には「進歩的知識人」としてヤンバン否定のポーズをとりながらも、『歴史まみれの韓国——現代両班紀行』（亜紀書房、一九九三年）や『韓国両班騒動記』（亜紀書房、二〇〇〇年）など、著作を出すときはヤンバン文化自慢の姿勢を示した。最後には法政大学国際文化学部の教授に招かれて三年、在職のまま突発性間質性肺炎で亡くなるが、密航経験とヤンバン意識は最後の最後まで、つまり尹学準の生と死と切り離せないものとしてあった。

三　在日朝鮮人文学から

ここで、在日朝鮮人文学について触れておきたい。考えてみれば、在日朝鮮人文学は「苦悩の文学」だと言ってよい。植民地支配を経験してあらゆる不条理を甘受しつつ、一九四五年八月の敗戦／解放を契機に理想と現実の間で戸惑いを感じながらも、それでも民族・国家・統一を中心とする自分の内面の葛藤を日本語で表現しようと呻吟した。しかしその苦悩の結晶ともいうべき在日文学作品に死を直接にあつかった部分はそんなにないように思う。生きるのに忙しくて、死のことまで考える余裕がなかったと言うべきか。あるいは生の限界を描写しているなかに、その読者である私たちがその深い意味を読み取れていないのかも知れない。さらには、端的に言うなら、もしかしたら、私だけが知らないのかも。

そうしたなか、詩人の金時鐘《キムシジョン》がこんなことを言っているのが目にとまった。鉛筆画の分野で世界を切り拓いたという木下晋との対話で、こう述べている。「僕は人生が終わるということは、極めて個人の問題であって、終わりというのは存在しない、いつも過程や。終わりは、いつも終わらないうちに終わってしまうのよ。終わったはずのものは、道程、ひとつの過程にすぎないんですよ。……別に行く道程、路すがら、道中ですよ、終わるというのは」（『機』三五二号、藤原書店、二〇二一年七月）と。たぶん生と死は連続しているのだ、と言いたいのかも知れないが、私にはそうよくはわからない言葉である。曖昧というか、摑みがたいというか、ついでにものを言っているような感じがする。

そういえば、評論家の崔碩義《チェソギ》がこんなことを言っていた。馬齢を重ねること七〇年をこえた時点で述べたことである。「あとどれだけ生きられるか分からないが、後悔しないように充実した日々を生きたいもの、「人生いかに生きるべきか」は永遠のテーマだ。やがて訪れるであろう自分の死を、ごく普通に、当り前のように受け止めたいと思う。遺体はすぐに荼毘にふし、葬式なども一切無用に願いたい」（崔碩義『在日の原風景』明石書店、二〇〇四年）と。ごくわかりやすい文章で、自分の想いを素直に表現したように思われる。崔碩義は二〇二一年八月に九四歳で亡くなるが、ただ自分の死をごく普通に、当り前のように受け止めて逝ったのかはもちろん知る由もない。私なりに推測するなら、たぶん煩悶を繰り返し、思い切れないままに生を閉じたのではないかと思う。

在日朝鮮人文学といえば、誰に関心をもてばいいのだろうか。私の好きな在日作家・金泰生《キムテセン》は、死についてはそう語ってなさそうに見えるが、しかし丹念に読むと、それでも死について重要なことを書き残しているようである。一九三〇年に済州島から五歳で海峡を渡って来た金泰生は、日本敗戦後八年間の療養生活を経て一九五五年頃からやっと小説らしきものを書き始めた。『私の日本地図』（未来社、一九七八年）、『私の人間地図』（青弓社、一九八五年）、『旅人（ナグネ）伝説』（記録社、一九八五年）の三部作は、異国・日本で見たもの、感じたもの、人びととの出会いと別れ、町のたたずまいや風物の陰影を洗練された日本語で描き切った自伝的作品である。好きなお酒を飲みながら日本語を勉強したと聞いたことがあるが、じつに味わいのある見事な日本語である。「人間は、邂逅と離別のはざまを生涯かけてくり返し辿りつづける存在なのだ」と言いつつ、「人はしばしば他者を審こうとする。……他者の生を審くのであればまだしも、さらに、他者の「死」まで審こうとするのだ。……だが、人が他者の死を審くのは、生者の傲慢にしかすぎない」と、他者の死について云々することを厳しく戒めている。そして、人は「善と悪のはざまで、美と醜とのはざまで、ひたすら右往左往しながら生きるほかはない。そして、死ぬほかはないだろう」と言い切る（前掲『私の日本地図』）。艱難辛苦に満ちた異郷での生活の中で得た実感であろう。

その金泰生はじつはつねに死と隣り合わせで生きた。戦後死に直結すると言われた結核で、右肺葉切除、肋骨八本を失った金泰生は、深刻な死の恐怖に苛まれ、そのリアリズム文学は死と隣接する緊張した生によって育まれた。在日朝鮮人文学の主流をなした金泰生は政治と民族主義にのめり込みながらも、その根底にはいつも現実の死の問題があった。文芸評論家の林浩治によると、金泰生の作品は家族や縁者にまつわる物語が多いが、とくに母は故郷＝済州島＝朝鮮にそのままに連なるものとして連想されており、「朝鮮民族」とは金泰生にとっては幼い日に別れた母への憧憬であったという。そして大阪の叔母夫婦に引き取られて育った金泰生にとって、母が「朝鮮」を表象するなら、母代わりの叔母は「在日する朝鮮」を表象したという。この叔母は金泰生の「あるおんなの生涯」などの作品に登場するが、その叔母の死が金泰生文学の第一原因になっているという。叔母の生と死の意味を考えることが、自身の病弱な体質と合わさって、生と死を考える金泰生文学の根にあったというのである（「解説　鄭承博と金泰生」、『〈在日〉文学全集』第9巻、勉誠出版、二〇〇六年）。

名もない「在日」の個人の生を描くことは、金泰生にとっては歴史の中に息づいている故郷や民族、祖国を描写することであり、そこに文学を通じて普遍性を見出そうとする意欲があったというべきであろう。しかも「在日」を生きた金泰生にとって、その起点となる「私の故郷」とは、「私自身の感性と情念が長い歳月に亘ってほしいままに培ってきた、きわめて作為的な故郷にすぎないかもしれないのだ。……私には故郷を歌う資格など到底ないのだ」（前掲『私の日本地図』）というものであった。

「在日」の作家で「死」と言えば、一九八五年四六歳で自死した金鶴泳《キムハギョン》のことがすぐに思い浮かぶ。

〈吃音〉と〈父親〉そして〈民族〉に苦しみながら作品を書き続けたと言われるが、金鶴泳が死について語ったのか、何か明確な言辞があったのかどうか気になる。もちろんここで、化学研究者から作家に転進した金鶴泳論を本格的に書く余裕も力もない。彼が何に苦しみ、どう文学をやろうとしたのか、そしてそれが彼の自死とどう関連しているのかが問題である。しかし人の死についてとくに自死についてその原因や理由をあれこれと詮索するのは避けたいと思う。せいぜいのところ、文学活動の中で、金鶴泳が死をどう思い描いていたのかを少し知ることができればいいと思うだけである。

作家デビュー作の『凍える口』は自らを悩ませ続けた「凍える口＝吃音」に真正面から取り組んだ作品で、「人との関係」に苦痛を感じ続けたことを綴っている。父親の「暴力」は在日一世の異国・日本での生きざまが否応なく引き起こしたもので、「朝鮮人差別」「父と子の確執」「分断祖国」は金鶴泳そして「在日」の「不遇性」そのものであった。つまり竹田青嗣が「苦しみの由来――金鶴泳を悼む」で述べているように、「在日」とは何よりも、取り返しのつかない「不遇性」を生きることであり、しかもその不遇性とは克服されるべき障碍である以上に、歴史という錯誤によってもたらされた転倒した負性を意味するのではなく、もはやそれを正しいかたちに置き直すことが無意味でありまた不可能でもあるような負性であった。したがって金鶴泳の描く「在日」性は必ずしも「在日」の生き難さを訴えるものではなく、日常の努力では決して克服し得ない生き難さを抱え込んでいる人間の魂に強く響き、その生のかたちを照らすような力をもつものであった（『土の悲しみ　金鶴泳作品集Ⅱ』クレイン、二〇〇六年所収)。

私もあれこれと読んでみたが、金鶴泳にとって短いエッセイ「一匹の羊」は大変重要な文章のように思える(『新鋭作家叢書　金鶴泳集』河出書房新社、一九七二年所収)。彼はこう書いている。『凍える口』は、私自身の吃音の苦しみを書いたものだが、これを書いたことによって吃音の苦しみが消えてしまった……。三十年近くのあいだ、いかようにしても逃れることのできなかった吃音の苦しみ、そこから派生するさまざまな神経症的苦痛が、ただそれをありのままに書いたというだけで消滅してしまったということ、それは私にとって、書くことの意味、文学の持つありがたさについて考えさせられた、象徴的な体験であった。書くということは、私には、自分を自分の中に閉じ込めている殻を一枚一枚破って行く、脱穀作業のように思われる。……私にとって小説を書くとは、少なくともいままでのところ、徹頭徹尾自己解放のための作業であり、自己救済の営為である。……(大学を一年留年したが)それは、自分という人間をどうにかすることではなかったかと思う。だが、それは頗る観念的な煩悶である。……私に必要だったのは、おそらく「生きる」ことであったはずだが、私は「生きることについて」考えていたにすぎなかった。自分は、自分であるよりほかないものだ。人はそれぞれ、そのあるがままの状態においてすでに存在理由を得ているはずだ。問題なのは、この自分をどうにかすることではなく、こういう自分として、ではどのように生きるのか、どのように世界(外部現実)に関わるのか、ということであるはずだ。……いずれにせよ、私が小説を書きはじめたのは、そのように、自分はこの自分を生きるよりほかはないというふうに、居直ったところからであったと私は思うのである。……もっとも、そこにはおのずからある限界があることも認めないわけにはいかない。というのは、もともと日本で生まれ育った私の中に、「朝鮮的なもの」の土壌なり、内容なりがまったく欠落している以上、「真の朝鮮人」は私の中に回復しようにも回復しようがないからだ。……」。

金鶴泳の「日記」(一九六五―一九八四)を読むと、彼がどんなに苦しみの中で生きたのかがわかる(『凍える口　金鶴泳作品集』クレイン、二〇〇四年所収)。「いろいろなことを考えると、気が滅入る。途方に暮れる。実験のことや、文学のことや、吃音のことや、家のことや、生活のことや、朝鮮のことや、自分という人間のことや、……/すでに金なく、妻の指輪二個で質屋より二万円借りる/《自殺》のことばかり思われてならない。自殺せざるをえないところに追い込まれていく気がしてならない。だが、いま死んだら、それこそ《惨めな敗北の死だ》。妻子も不憫だ」。そしていったんは妻と離縁することに合意するが、それも果たせずに終わる。そうした金鶴泳は、作家活動の全過程において「自己解放」「自己救済」と言い、また「自己の芸術化」と言った。つまり金鶴泳は自らの文学を「自己」にこだわって書き続け、やがて疲れきってとうとう限界に近づいていく。「日記」に〈宿酔〉という言葉が頻出するようになり、父親の横暴、「在日」の政治的立場、そして借金を重ねる生活苦などにさいなまれていく。そして〈生活〉も、〈文学〉も、追い詰められて「窮境の極」に達したことを覚知するとき、〈自殺〉という言葉が頻繁に脳裏をかすめるようになり(「日記」一九八二年六月一二日)、それはついに自死となって、金鶴泳の生、そして金鶴泳の文学は完結したのではないかと思う。

ところで、話はかわるが、金石範《キムソクポム》は「四・三事件」を文学的想像力でもって、当事者たちに語り継がれた死者と生者の記憶を書き続けた稀有の在日作家である。私は小説を読むのが苦手で、そんなに金石範の作品を読んだとは言えない。たしか大学院に入ってしばらくして意気込んで『鴉の死』(新興書房、一九六七年)を読んだが、チンプンカンプンで途中で放り出した。その後二、三度挑戦したことはあるが、読み切ったという実感はない。『ことばの呪縛――「在日朝鮮人文学」と日本語』(筑摩書房、一九七一年)などは読んだが、大作『火山島』も全7巻持ってはいても、読んだのはたしか第1巻のみである。それだけ私にとっては難しい作家であるが、最近、趙秀一《チョスイル》の『金石範の文学――死者と生者の声を紡ぐ』(岩波書店、二〇二二年)が出たので、その力を借りて金石範文学における死や死者についての捉え方を知っておきたい。

趙秀一は、金石範は〈四・三〉の局外者でありながら、自分に〈遺された記憶〉に対して長らくフィクションの世界を創り出すことで、応答責任を全うしてきた作者であるとしつつ、次のように金石範の言葉を紹介している。「死に至る忘却がある。記憶を否定して死に限りなく近い忘却。忘却は記憶と一体でありながら、死により近いことで記憶と分離する。内外部の抑圧と恐怖によって忘却へと押し込められた記憶は、やがて化石化状態の忘却に至る。それは無意識の深層に沈みこみ堆積されたもの、死に近い沈黙である」。つまり、〈四・三〉をめぐる個々人の記憶は、決して消滅はしないというのである。彼ら/彼女ら一人ひとりを脱出させ「声」を掬い上げてようやく「歴史と人間の再生と解放」へと繋がるということ、これこそ金石範の〈四・三〉とその当事者への向き合い方である、と。

たぶん〈四・三〉にまつわる金石範文学はそのように理解してよいのであろう。ただ私は、金石範は済州島の犠牲者たちをあまりに美化しているのではないかという気がし、また男世界は描いても女はそれほど入ってこないでいるのではないかと思う。しかしそのことは別にして、金石範の死と死者に関する考え方を知るのには、「死者と生者の声を紡ぐ「巫女性」」という趙秀一の記述に注目したい。趙秀一によれば、金石範は『火山島』全7巻刊行後、『海の底から、地の底から』（講談社、二〇〇〇年）や『満月』（講談社、二〇〇一年）といった作品を発表しているが、そこに顕著なのは、〈四・三〉の犠牲者を弔う「クッ」（巫儀）というシャーマニズムや憑依（ひょうい）状態になる巫女の語りであるという。死者と生者の仲立ちをする巫女は、人々の心の底に無意識となって沈み込んだ感情や記憶を掬い上げ、言葉によって蘇生させカタルシスを与える。『火山島』後の金石範はこうした「巫女性」を主な創作の方法としているように見えるが、金石範はそうした「巫女性」を石牟礼道子や金時鐘の文体からも読み取ろうとしている。そして、「金時鐘の文体のことなど」では、「芸術家の本質はその属性としての（あるべき）巫女性、現実的なものと非現実（超越的）なものの媒体性にあると考える」とも言っている、と。金石範が繰り返し強調するこの「巫女性」とは、生と死の時空間を「超越」させることで、死者の声と生者の声の仲立ちとなる「媒体」にはとどまらない。肝心なのは、それを自分の声で語り直す存在であることだ、と。

四　習俗・祭祀・祖霊信仰

こんなことを書いてくると、朝鮮、「在日」、そして日本での習俗とか祭祀、祖霊信仰といったものについて知りたくなってくる。

ここでまず、日本の祭祀と祖霊信仰に少し触れておきたい。もちろん私は専門家などではないが、この島には八百万の神が存在し、それぞれの人間が「自分の神」をもつというふうに受けとめられてきたと言ってよい。祭祀が古代より「痛み」や「疫病」の癒しに深く関わってきたのも確かである。島国日本はかつて「倭」と称されたが、それと同じ発音である「和」は中国大陸・朝鮮半島から伝えられた言葉・文字であり、時代の流れの中でそれは天地自然・心霊の世界をともなうものとなったという。正月に初詣で神社仏閣に出向き、各自思い思いに神仏に祈願するというのは普通の光景である。季節に応じて各地で多くのお祭りがおこなわれ、あるいは人生では誕生や結婚などの祝祭があり、地鎮祭や上棟式などといったお祭りやお祓いもある。日本固有の神の信仰と仏教信仰が習合されていって、現在につながる葬式やお祭りがあり、死者を儀礼の対象とする「お盆」や「お彼岸」といった行事もある。還暦とか、古希とか、喜寿、米寿といったお祝い事も人生の「通過儀礼」としてある。これらはすべて広い意味で生と死に関わる祭祀であり、死や死者を考えさせる祖霊信仰の営みである。そこには暗黙のうちに霊魂なるものがあると考えられてきたと言ってよい

（黒住真・福田恵子『日本の祭祀とその心を知る――日本文化事始』ぺりかん社、二〇二一年）。

朝鮮も同じであるとまでは言わないまでも、似ていると言ってよいのか。朝鮮の村々では、冠婚葬祭は日常茶飯事のようにいつもどこかの家でおこなわれていたし、儒教的な規範も強く浸透していた。先にあげた金泰生は『私の人間地図』で、植民地時代の在日社会ではあるが、その様相についてこう書いている。「農村地方出身者の多い長屋では、母国のふるいしきたりがそのままもちこまれて生きていた。日常の生活意識にはじまって冠婚葬祭の儀式に至るまで、母国での慣例をひたすら重んじていた。その日の米を欠いたとしても祖先の祭祀をおろそかにすることはなく、そのことが家計にいっそうの負担をまねくとしても怠らない。……一見、頑迷とまで映る人々の態度には、民族の伝統を重んじ、失うまいと固執する切実な心情がしめされていた。さらには、失われた母国の歴史が誇らしく挽回される日へのひそかな願望さえかけられていた。日本という異国の一隅で、母国のふるびた生活様式を墨守する人々の外観が如何に異様に映ったとしても、それを貫くことは人々にとって生きがいそのものであった」。

しかし朝鮮そして「在日」は儒教的だったとだけ言えばいいのかというと、どうもそうではないような気がする。巫女とか巫堂（ムーダン）といえば、それは朝鮮そして「在日」の習俗とか祭祀、神霊といったものと密着した言葉としてある。朝鮮文学史・精神史の研究者である安宇植《アンウシク》はその編訳書『アリラン峠の旅人たち――聞き書　朝鮮民衆の世界』（平凡社、一九八二年）でこのように書いている。近代化をめざして走り続ける今日の韓国の社会も、ひと皮めくれば古い伝統が日常生活の隅々にまで息づいている。人生の岐路や直面した困難からの救済を求め、巫堂（女）の門をくぐる人びとの姿が後を絶たないのもそうである。巫堂は神霊を感得する能力をもつ女性の謂で、死霊と生霊＝人間との仲介者として吉凶を占い、加持祈祷やまじないをする。巫堂の助けを借りるのは入学、就職、新しい事業を始めるとき、つまり開運を願ったり不幸が重なったりするときで、もっぱら悪霊を追い払うためである。この場合の悪霊は非業の死を遂げた者であることが少なくない。シャーマニズムにもとづく韓国の伝統的な死生観によれば、現世と霊界との間には二、三年の仮死状態がある。天寿をまっとうして老衰という仮死の段階を経た死者は成仏するが、事故死など非業の死を遂げた場合は、この仮死の段階で現世に思いを残した無念さのゆえに悪霊と化し、遺族に不幸や災いをもたらすと信じられている。つまり巫堂は、その無念の訴えを聞いて晴らし、悪霊退散のお祓いをする、と。

日本の祭祀や祖霊信仰などとはかなり趣が違うが、しかし「在日」の場合も、ついこの間まで、あるいは今もそうであるかも知れないが、この巫堂とか巫女が生活で小さくない比重を占めていたと思われる。それは当然のことながら、日本社会での「在日」に対する偏見・差別の構造、そして「ホワイトカラー」職から排除され、さまざまな自営業ないしはそこでの雇用労働に従事していた「在日」の特質とも関連している。在日社会ではもちろん、伝統的な祭祀文化と民族的自尊心の維持という点で儒教式の祖先祭祀である「チェサ（祭祀）」が知られているが、一九八〇年代においても巫堂とか巫女の存在が小さくはなかった。実際、大阪市生野区の街中に三十余、近郊の生駒山地および六甲山麓に六十余もあったと言われる「朝鮮寺」では、シャーマニズムと仏教の混交した宗教的活動がおこなわれていた。社会的偏見とも関連してその多くが「仏寺」の体裁を整えていたが、「住職」の多くは巫女で、願主の女性たち、ときに男性たちが「恨」をもった死者霊をとむらい、また生活上の不幸や悩みを癒すために参集したという（飯田剛史『在日コリアンの宗教と祭り』世界思想社、二〇〇二年）。こうした外部施設は朝鮮でいう巫堂であると言えるが、葬儀や小規模な「クッ」や「オガミ」は、日常的に家庭でもおこなわれたという。

実際にも、大阪の詩人・宗秋月《チョンチュオル》は「朽ち果てた肉体の所有者」となっていくしかなかった姑と巫女の関わりを中心に、「神と霊と朝鮮女の三位一体が、後を生きる女である私を、因襲の中に溶けこませるのだ」と書き記している。宗秋月と言えば『宗秋月全集——在日女性詩人のさきがけ』（土曜美術社出版、二〇一六年）でその全貌を知ることができるが、貧窮の中でDVの夫、知的障害のある夫の妹など、家の重さ、家族のしんどさに耐えつつ、働き続け、泣き笑い、路地裏の声に耳をかたむけながら、猪飼野・女・愛・うたを書き綴った女性であった。そして、「神房を呼んでくれ」と言う病に伏した姑のせがみに負けて、夏の盛りのある日に家に神房を招いて、奇跡を願ったこともあったと述懐する。「路地のどこかからいつも聞こえる、太鼓や鉦打ち鳴らす家の中で、神房（シンバン）と呼ばれる巫女が、その家の女のたっての願いを聞き災厄を祓う詞（ことば）が、或いは災厄をもたらした成仏できない霊を掻き口説く呪文が、或いは巫女が霊媒になり成仏できない理由を家人に訴えるひと幕が、或いは未来を託宣する巫女の声が、家内工業や家内手仕事の、かまびすしい音と調和する自然であってみれば、身近という表現は適当ではないかもしれない。その家の女たちは、手仕事で溜めこんだ金のほとんどを神房に貢ぎ、至幸を手に入れることを夢見る。女たちの夢見る至幸は、家人の病気とか、下請け仕事の回りが悪くなったとかの災厄が除かれて、家内に平和が戻ってくる事であった」。

それはそれとして、死や死者をめぐってということなら、「在日」にとってはやはりチェサのことがもっとも大きな話題となる。チェサは原則としては父系の四代祖までを命日、正月、秋夕（チュソク）に祀るとされているが、「在日」ではむしろ「族譜」で言う「先祖」を祀る意識をもちつつ、渡日後の家族の死者に重心を置くことが多かったろう。世帯主が取り仕切り、総連・民団（在日本大韓民国居留民団、のち「居留」が削除され、在日本大韓民国民団）の対立が激しいときでさえ、酒食をともにする場となっていた。チェサでは、たとえ儒教や家父長制のあり方に批判的な雰囲気があっても、チェサを宰領する家父長の顔にはかなり威厳めいたものが満ちていたように記憶している。私の家ではほとんど毎月チェサがあったが、チェサの準備をするとき、母や姉妹はいつも黙々と働いていたし、チェサの拝礼そのものには参加しなくても、最初から最後まで抜けることなく付き合っていた。むしろ家の女たちがチェサ全体を切り盛りしていた感じがしたものである。

しかしこう書いてきて、それではチェサの根本である儒教の死生観はというと、そう簡単ではないようである。漢文学者・東洋哲学史専攻の加地伸行の講演「儒教の死生観」（https://www.jstage.jst.go.jp/article/jjhnc1974/19/1/19_1_47/_pdf）によれば、日本人は一般に仏教の死生観をもっているように考えられているが、しかし実質的には儒教や道教の死生観、とりわけ儒教の死生観が根本になっているという。仏教の死生観では、人間は死後四十九日間は六つの世界に転がって生まれ変わる。輪廻転生であり、魂はどこかの世界に生まれるのであるから、肉体は無用となる。しかし仏教徒と称しながら日本人の大部分は死後も肉体にこだわり、たとえば医療解剖用に肉体を提供したりはしない。そこで儒教の死生観はと改めて問えば、それはひと言でいえば、この世に永遠に生きていたいという願望のことである。魂はあの世に行ってしまうのではなく、この世に残っている。だから魂を呼べばこの世に帰ってくることができる。帰ってくればこの世に生きている子孫、家族と出会うことが可能となる。これを招魂再生というがこれは仏教の死生観である輪廻転生とは異なる。そこには個体としての自分は死ぬけれども、遺伝子は子孫の中で生き続けるという。まあ、こんなことを聞けば、そうかなと思いつつも疑問も湧いてくる。村々の共同体では古代からの神々に寄り添う死生観があったろうし、また浄土真宗を始めとする葬式仏教も大きな力をもってきたはずだと。

　朝鮮の儒教の死生観も孔子に始まる東アジアの伝統的な価値観に根ざしている。一般に孔子は死についてはそれほど積極的には論じなかったという。死後の世界を否定的に言えば、死者を追悼しなくなり、逆に死後について肯定的に言えば、現世の生を軽んじてしまう。生死は天命にかかっていると固く信じることによって、生においても死に際しても「順天命」という姿勢を保つことができる。生死は人間の欲望によって左右されるものではなく、天に任せる態度こそが順天命の姿勢である（이화재「죽음에 대한 유교의 인식〔死に対する儒教の認識〕」、한국공자학회 논문집〔韓国孔子学会論文集〕、

공자학〔孔子学〕一五号、二〇〇八年）。

儒教は、孔子を始祖とする思考・信仰の体系であり、いちおうは儒教と孔子は区別して考える必要があるのであろう。しかし孔子の言う核心的徳目は仁であり、そこで禮、そしてとくに孝悌が重視されたことはよく知られている。そうしたなか、朝鮮の死生観では「チェサ」が重要な位置を占めると強調されている。チェサの対象は「鬼神」であるが、その鬼神という言葉は、人が死んだあとに残る魂で、魂は人のからだに宿って命を支えているという気勢または、実体で定義されている。じつは、こうした朝鮮王朝時代以来の死生観、鬼神論はたいへん複雑でさまざまに議論されているが、朝鮮の儒教哲学においては、死んだ先祖の鬼神は生きている子孫の誠意を受けて自分が暮らしていた家に帰り、チェサを「歆饗（きんきょう）する」という。つまりは生者がきちんと誠実に暮らしながら誠意をもってチェサをおこなえば、死んだ先祖はその誠意に「感応する」ということである。この感応がまさに孝行の目標だというのである（한예원「朝鮮時代 유교적 죽음 이해〔儒教的死の理解〕——生死、鬼神、祭祀 개념을 중심으로〔概念を中心に〕」、『東洋哲学研究』第八七輯、二〇一六年）。「歆饗する」という言葉が難しいが、神明（先祖）がチェサの供え物をいただく、受ける、楽しむ、という意味だと理解していいのだろう。言ってみれば、こうした儒教的理解のもとに、生きている者はチェサを通じて先祖を敬い、現代を生きるより根本的な人生の意味を考えるべきだということであろう。

まあ、私はもちろんのこと、在日同胞がこうした儒教理念を知り、理解してチェサをおこなってきたかどうかは怪しいかぎりである。しかしそれでも、在日同胞がチェサにかなり執着してきたのは確かではないかと思う。ただそれは「在日」の暮らしにおいて、日本語をつかい、日本の生活様式に浸されているなか、チェサがある意味で、自分たちの民族性を防御する最後の防御線という意味をもってきたからではないのか。家族としての一体感を維持する上でも、重要な行事であったことは言うまでもない。チェサをしないと、おまえはいったいどこの国の人間だ、と叱責されることも少なくなかったようで、チェサは南北の国家というよりは先祖に直結するものとして捉えられ、その根っこには日本・日本人に負けてはならないという暗黙の意識があったのではないかと思われる。もっともこれも、家の中に一世がいたときが最も強く、二世、三世と世代交代が続くなかで、チェサに対する意識も大きく変わってきているのはやむを得ないことである。

五　死刑囚、そして自死

先にあげた死について書かれた本を思い起こすとき、死刑囚について触れた箇所が少なくない。死が一般に予見不能、不確実なものであるなかで、死刑囚は死について予見可能というか、避けがたいものとしてあるからである。そこで死刑囚の死への臨み方が重要な問題になる。ジャンケレヴィッチは『死とはなにか』でこう述べている。「死の時は普通は未定なのに、ここでは決定してしまっている。普通の人間も死ぬことは決定しているのですが、ここではそれだけでなく、いつ死ぬかが分かっているのです。このふたつが決まったとき、生は不可能になります。人間は死の時を知るようにはできていません。……生が死によって閉じることは確かですが、しかし、生の扉はつねに希望によって細めに開かれているのです。……こうした希望が死刑囚には禁じられています。これは自然に反したことです。非人間的なことです。恐るべき時とはこれです。あと三時間。あと二時間。あと一時間……あと三十分……あと二十九分……」。つまり、ジャンケレヴィッチは『死』で述べているように、死刑囚は「非人間的な的確さに苦しめられる」と言うのである。

ただ、しかし、死刑囚はつねに非人間的な的確さに苦しめられていたのか、はたしてそう言えるのかは、疑問である。もちろん私は処刑の現場、瞬間に立たされたことはないので、そう簡単にあれこれと言う立場にはないが、あくまで推測ではあるが、残された文献・資料を見るかぎり、そうではないような気もする。

伊藤博文を暗殺した安重根《アンジュングン》は、一九一〇年三月に処刑されるが、最後まで「東洋平和」を熱望し、主張したという。死刑宣告がなされた後、「私が何の罪を犯したのか」と何度も自問した。また処刑直前には「大韓独立の声が天国に聞こえて来るならば、わたしは当然、踊りながらバンザイを叫ぶ」と言ったともいう（李洙任《リスイム》・重本直利編著『共同研究　安重根と東洋平和』二〇一七年、および龍谷大学社会科学研究所付属安重根東洋平和研究センター・李洙任教授退職記念刊行委員会編『安重根・「東洋平和論」研究』二〇二二年、ともに明石書店）。敬虔なカトリック信者であった安重根は、母に向けても、後日、天堂でお目にかかりたいと願い祈る言葉を残したとも聞いている。一九一一年一月に天皇暗殺謀議のいわゆる「大逆事件」で処刑された幸徳秋水は、処刑前、今の自分には、死刑はなんでもない、いったいどんな重罪をおかしたというのか、と泰然としていた。死刑執行に立ち合った教誨師は「彼が絞首台に上るや、従容として挙止いささかも取り乱したる様子は見えなかった」と語っていたという(『日本の名著44 幸徳秋水』中央公論社、一九七〇年)。いずれも朝鮮・日本の歴史を画する重大事件の「政治犯」であるが、いま読んでも、さもありなんという気はする。

植民地時代、日本に抵抗した朝鮮知識人が獄中生活や処刑を前にした心情について何か書き残しているかも知れない。あるいは強制連行者や「従軍慰安婦」についても何か死に関わる記録・資料があるのかも知れない。それらの人生にあった艱難辛苦の実際を、ここで安易に想像することもできない。解放後も同じである。北であれ、南であれ、刑場の露と消えた者の想いを知りたくもある。記録・資料は探せば出てくるだろうけれども、それは韓国の民主化運動で獄に繋がれた多くの政治犯の心情に通じるものでもあろう。一九六〇年から一九九〇年代初めまで、民主化のために闘った韓国の闘士たちは程度の差はあっても、非人間的な生活状況に憤慨し、人間的でありたいとする切実な熱望をもって闘争に参加した。そこには軍事独裁のもとで言い知れぬ葛藤があり、悲しみがあり、たぶん死に至ることへの恐怖心もあったであろうが、それについてここで触れる力はない。

死刑に関わることで何を書けばいいのかと考えあぐねると、日本人の場合、「きけわだつみのこえ」や東京裁判の巣鴨プリズンのことが頭をよぎってくる。戦況が破滅的様相を色濃くし始めた時期、生の極限に立たされた日本の学徒たちは死と直面しつつ、思索を重ねた。同じ頃、日本に同化を強いられた朝鮮人の若い学徒も似たような苦境に立たされたのではあるが……。私の書棚に何十年もひっそりとたてかけられていた『第二集　きけわだつみのこえ――日本戦没学生の手記』（岩波文庫、一九八八年）をひもとくと、そのプロローグは「永遠の別離」と題する学徒兵の手記である。「美しい虚構／戦友たちの手紙の中には虚構がある／おおくの美しい虚構がある／すべてのものは虚構の中から生まれ／そうして虚構の中に死んでいった／……／美しい虚構／それは恐ろしい虚構を忘れるためにか／それならば私もまた虚構の中に沈黙を守ろうか」。

巣鴨プリズンというと、敗戦直後、連合国軍によって巣鴨刑務所に収容された戦争犯罪人三四人がどう最期を過ごしたのかが気になる。初代戦犯教誨師とされる浄土真宗本願寺派の僧侶・花山信勝の著『巣鴨の生と死――ある教誨師の記録』（中公文庫、一九九五年）や小林弘忠の『巣鴨プリズン――教誨師花山信勝と死刑戦犯の記録』（中公新書、一九九九年）を読んでみると、そこには東条英機や若いBC級戦犯を見送る教誨師の蘊奥（うんおう）のなか、死刑囚自身の苦悩や孤独、悲しみ、そして時に「平和を祈る」想いを垣間見ることができる。軍事裁判で死刑を宣告された戦犯たちは、念仏を唱え、ブドウ酒を飲み、微笑さえ浮かべて処刑場に向かったというが、それは場面のひとこまでしかないだろう。その「いさぎよい死、平穏な死に導く」仕事である教誨師もこの世とあの世をまたぐ苦衷、ためらいに満ち満ちていたはずである。

ただ、ここで、おやっというか、そうかっと、思うことがある。哲学者・思想家の唐木順三が「自殺について　抄」という稿で、「きけわだつみのこえ」に示される若い学生たち、「平和の発見――

巣鴨の生と死の記録」に示される巣鴨のA級戦犯たちの短歌を読むとき、親と子という二つの世代が、思想をうちあけ合うことによる理解なしに、直接無媒介な骨肉の情において結びついていることを指摘している。ここでその骨肉の情が民族神話、天皇制、家父長制等において伝統となって維持されていることが考えられるが、二つの世代は思想的には断層がありながら、感情的には直接に結びついているのである。唐木は言う。「きけわだつみのこえ」を読んでいくと、筆者たちが急に身をかわしているところにたびたび出会った。一人は、「死、死、一体死とは何だろうか」と問いつめた直後を、「それはともかくとしよう」で向きをかえってしまっている。また一学生は死の前夜の歌で最後に「……母の笑顔をいだきてゆかむ」とする、と。そして、こうした曖昧な言葉に逃げていくような急屈折は、言論検閲や短い短歌のもつ特性があるといっても、第一次世界戦争におけるドイツの戦没学生の残した手紙に「……、みじめに死ぬしかありません」とある、実にフランクであけすけな言葉に比べると、大きな差異がある、と書いている（前掲、野坂昭如編『死』）。もちろんこうした形で、日本人とドイツ人の死生観を断定的に書くのには違和感もあるが、まあ唐木順三の想いが何かを推し量れればと思う。

韓国で死刑囚がもった心の軌跡を知りたいとは思ってはいるが、このコロナ禍のこともあって実際にどんな記録があるのか調べることができない。いちばん過酷だった処刑のひとつは、朴正煕《パクチョンヒ》政権下、一九七五年四月九日に韓国大法院（最高裁）が被告八人に死刑を宣告し、判決から一八時間後に刑を執行した「（第二次）人民革命党事件」（北朝鮮の指示を受け反国家団体を組織したとされる事件）で

はないかと思っている。この事件について、作家の金源一《キムウォンイル》が『青い魂（푸른 혼）』（이룸、二〇〇五年）という小説を書いている。当局が作り上げた事件の過程、裁判そして処刑にいたる八人の精神的恐慌状態は言葉に言い表しがたいものであった。

しかし、「在日」にとって死刑と聞けば、何と言っても李珍宇《イジヌ》の名前が浮かんでくる。そして李珍宇について語ろうとするとやはり自死した山村政明について触れざるを得なくなる。「死者は生者の中で生き続ける」とはよく言ったもので、心ある「在日」にとっては、今も李珍宇と山村政明の名が浮かんでくるのである。

その前に、長年、死刑囚の心理を研究していた小木貞孝（加賀乙彦）が『死刑囚と無期囚の心理』（金剛出版、一九七四年）に書いていることを記しておきたい。死刑囚は多くの場合、犯行時にはそれが死刑に繋がるとは思わなかったが、刑が確定してからはすぐれた手記を書いたり、凡人には到達し得ないような宗教的悟りの境地に達したり、求道心を深めた例が数多くある。それに比較して、無期囚の場合は、あてどなく待つことになり、その未来は無限定である。外部との接触を避け、単調な生活に終始し、すべての事柄に対して無気力、無感動になるという。死刑囚の制限された未来と、無期囚の無制限の未来。それだけ死刑囚は、死の自覚、時間の貴さ、命の重要さを認識する、というのであろう。

李珍宇そして山村政明にはそれぞれ手記、交換書簡集、あるいは遺稿集といったものが残っている。それは死刑と自死の違いはあっても、そこには死の自覚の深化、時間との闘いといったものが感じとれる。李珍宇が処刑されたいわゆる「小松川事件」は、一九五八年八月二〇日、東京都立小松川高校定時制に通う女子学生・太田芳江（当時一六歳）が行方不明になり、読売新聞社に女子学生を殺害したという男から、その遺体遺棄現場を知らせる犯行声明とも取れる電話が来たことに始まる。この大胆不敵とも思える事件では、結局、同校一年生の男子学生・李珍宇（当時一八歳）が逮捕される。李珍宇は在日二世で、日雇い労働者の父と半聾唖者の母とのあいだに生まれ、日本名・金子鎮宇を名乗り、日本語しか話せず、その暮らしのゆえか窃盗癖があり、図書館からの大量の書籍の他、現金・自転車の窃盗をおこない、保護観察処分を受けていた。李珍宇は他にも二三歳の賄い婦をレイプし、殺害したと自供する。その犯行動機には民族差別の問題があったと思われるが、社会的に大きな関心を呼び起こす。

当時、在日社会で圧倒的影響力をもっていた朝鮮総連では祖国への帰国運動が沸き立ち、また韓国政府は日韓国交開始に向けた第四次日韓会談に取り組み始めていた。そのためもあって、在日社会はこの小松川事件に冷淡な態度をみせるが、最高裁で死刑が確定し、李珍宇は一九六二年十一月一六日に宮城刑務所で死刑を執行される。総連系の雑誌記者であった在日女性の朴寿南《パクスナム》との往復書簡『罪と死と愛と』（三一新書）が刊行されたのは、六二年五月のことである（新版、一九八四年）。そして『李珍宇全書簡集』（新人物往来社）が刊行されるのは一九七九年である。李珍宇の死刑執行に立ち合った宮城刑務所の小杉教育部長は、最後のもようを次のように語っている。「李は悟り切ったりっぱな態度だった。黒みがかった灰色のカーディガン、黒のズボンという服装で、処刑場までしっかりした足どりだった。執行前カトリック儀式を済ませて言った。「残った両親をお願いします」……」と。李珍宇は幾通かの遺書を残したが、そこには「死んでも生きていきます。この言い方は少しおかしいみたいですが、とにかくそう考えなければいけません」と書いていた（金達寿「李珍宇の死」、『現実と文学』一九六三年八月号）。

生前、助命嘆願のために日本人のあいだで「李少年をたすける会」や「李君の助命を願う会」が作られ、処刑後には各種のテレビ番組や映画が発表された。そこには在日朝鮮人が直面していた差別・偏見が告発され、日本人の反省・良心を問う訴えがあった。そして「パン・チョッパリ（半日本人）」という民族性を失っていた李珍宇に対して、その民族性に目覚めて〝真人間〟に立ち戻ることを必死に訴える朴寿南の姿があった。しかしその対話者である朴寿南自身、総連組織から批判され、やがて民族・祖国・統一を規範とする「私が属していた国家」から疎外され、追放される深刻な生のドラマの中にいた。その朴寿南は『李珍宇全書簡集』の「補説」でこう語っている。「李珍宇の殺人という行為そのものによるメッセージが、一つの価値を創出したのは、死刑囚という極限に身を置きながら、自己のアイデンティティ（民族同一性）を獲得する実存を生きたからであろう。……自己の存在の回復を獲得する闘いが、奪われてきた自己と、祖国の統一を阻んでいるものとの闘い——普遍的課題の実現とひとつのものであることを……自覚していく」と。推測を含めて言うなら、結局、李珍宇は、獄中で朝鮮の言葉、歴史を学び、自己の主体性をはぐくんで「自分の問題」が何であるかを知っていくが、しかし共和国讃歌のテーゼには同意できないまま、「信仰は思想ではありません。それは一つの事実から生まれた確信によるものです」（前掲『罪と死と愛と』）と、神のもとに還っていったのではなかろうか。それはそれで、ほっとする気持ちがする。

私は大学二、三年のとき、カトリックの「信仰」をもち、カトリック詩人・八木重吉に傾倒していたことがあった。その同じ時期、もうひとりの「在日」の若者が、八木重吉の詩を愛し、空と星と花と山に心を寄せ、キリスト教の信仰に全存在をかけようとしていた。同年代の梁政明《ヤンジョンミョン》。九歳のとき一家が日本国籍を取得して山村政明と改姓した。当時早稲田大学第二文学部の学生。二つの「祖国」をもつことによって祖国喪失者の暗い意識にさいなまれ、貧窮の中で神を信じ、革マル・民青・ノンセクトが乱れ合う学生運動にのめり込むも、結局は一九七〇年一〇月六日、焼身自殺した。『いのち燃えつきるとも　山村政明遺稿集』（大和書房、一九七一年）の冒頭に次のような手記がある。「青春に悔いはない！／文学、宗教、政治、民族問題、学生運動／すべてに可能な限りの自己をぶつけてみた／はかないけれど、きよらかな恋もした／悔いはない！　せめて自分にそう云いきかせねば……／ただ、疲れすぎた／疲れきって、もう、歩み続けることができない」。

彼は挫折を繰り返したが、多数の友人がおり、心を通わす彼女がいて、そして悩みを打ち明けることのできる「姉」がいた。しかし結局何よりも「民族の問題」につまずき、疲れ切ったなかで、二五歳のとき、遺書と抗議・嘆願書を遺して自死した。遺稿集には「苦学の限界」「民族の宿命」「祖国喪失者」「背教の苦悩」、そして「ただ疲れ切って」といった言葉が並んでいる。そこには何か、私もそうであったが、日本の植民地支配を受けた朝鮮にルーツをもつ若者にしばしば見られるひ弱さといったものが見られる。歴史や民族、祖国、母国語、つまり自らの出自に関わる基本的な自覚を見つけ出せないとき、「在日」の若者は、生きづらい日々を過ごすしかなかった。

ただ、遺稿集に載せられている李恢成《イフェソン》の序文「二つの祖国所有者の叫び」には少し納得できない気がする。当時、李恢成は、「在日」の若者から圧倒的な支持を得ていた作家である。「歴史をみれば、明らかである。五千年の朝鮮史は外敵による侵略の記載に欠ける時がなかったが、それはつまり個人の運命がたえず死に晒され、死に面するほど不屈に生きのびてきた民族の歴史を明らかにしている。……自民族のこういう緊張した生命力を、もしも梁政明が体得していたら。……帰化者の孤独は本人でなければわからぬものであろう。だが、そのために死に導かれるとすれば、それは人間としての叛逆の自由を放棄することであり、未来にかかわるみずからの可能性を裏切ることでしかないだろう。死への叛逆こそ、現代の青春である。ぼくらは別個に死んでも、死にいそぐことなく、ほんとうに死ぬ時と場所を得たいものである。だからこそ、ぼくは梁政明が生きつづけ、帰化者としての生命を創り出してほしかったと思わずにはいられない」と。

たぶんこの言葉は「正論」ではあろうが、しかし、私自身は、自死者についてあれこれと評論したくはない。ましてや李恢成が遠慮がちにではあるが、「(梁政明の死は)なんと未熟な死なのだ」と言っているのには違和感がある。じつは私も昔、山村政明の本を読んだとき、「未熟な死」というこの言葉に賛意を覚えた記憶がある。民族に目覚めてそれなりに必死に生きようとしていた頃である。しかし今は、そうは思わない。人生に疲れ切り、行き詰まったとき、ひとが自死することはある。それを助けられなかったことに悔いることはあっても、それを超えて、人生とは何か、生とは、死とは、などと、私はとやかく言いたくはない。むしろ山村政明に対して今では愛おしさといったものを感じる。ひとは誰でも「挫折」を繰り返す。挫折は言わば新しい出発の節目である、ともいうが、本当にそうだろうか。「挫折から回復する」のではなく、「挫折の中で、生きる知恵や経験を学ぶ」のではないか。そうなら、人生そのものが挫折の繰り返しであり、挫折の連続こそが人生だ、と言えないのか。そこに生死を軽んじる堕落はない。

六　絶望から希望へ

「いのちが尽きる（死ぬ）」ことにどう向きあうのか、時代が下るとともに、そのあり方が「ぞんざい」になってきているのを痛感する。そうしたなか、自分はなぜ今、この文章を書いているのだろうか。現実の不安や葛藤から逃げたいと思っているからだろうか。しかしやはり、逃げずに向きあいたいから、だと思う。向きあいたいというよりは、吐き出して、何か違う視点、違う平地を見つめてみたいと思っているからかも知れない。あるいは生きている以上、向きあうしかないということかも知れない。それでも、私が今、こうして生きているのは、これまで何十年間、家族や友人、同胞たち、そして自分をサポートしてくれた人たちがいてくれたおかげである。その期待に応えることはできなくても、せめて裏切りたくはないという想いがある。よく絶望から希望へ、といったことを言うが、絶望と希望は紙一重の違いであり、そうたやすく希望を探したいと言うつもりはない。高齢の身で、いまさら希望などとは言いたくないが、せめて何かを期待して、という程度は言ってもいいのではないか。新聞でこんな言葉を読んだ。「絶望したら希望を小さくして生き残れ。……まず生きることを考えろ」（『朝日新聞』二〇二二年二月一七日夕刊）と。

絶望から希望へ。難しいことだが、やはり「希望」ということの意味を少しは考えてみなければならないと思う。先にジャンケレヴィッチの言葉を引用した。「……生が死によって閉じることは確かですが、しかし、生の扉はつねに希望によって細めに開かれているのです」と。このジャンケレヴィッチのように、死の考察の始まりは、虚無化という不可避な有限性がもたらす意味喪失に対する苦悩や絶望をどのように打開していくかであろう。

デーケンらが書いた『いのちの終末――死の準備と希望』（同朋舎、一九八八年）という本がある。医療と宗教を考える会が叢書の一冊として出したものというが、そこに「死に向かい合っている人たちの希望」という一章がある（寺本松野、聖母病院教育婦長）。アメリカの精神科医・キューブラー＝ロスの研究で、死期を知ってから実際に死に至るまでにたどる心の動きが、五つの段階に分けられている。一、否認――もう助からないことを知って、「そんなはずはない」「何かの間違いだ」と、二、怒り――次に「なんで私だけが」と、自分の運命を呪い、怒る、三、抑鬱――やがて激しい怒りの時期を過ぎ、落ち込むようになる、四、取引――「もし治ることができたら、私は一生、神に仕えます」というように、自分の健康を何かと引き換えに取り戻そうとする、五、受容――自分の死を受け入れ、死の準備をする。まあ、臨床の話ではあるが、希望は変化するもの、希望は引き出すもの、そして生死一如の心境へと。看護する立場からすれば、要は最後は落ち着いて本当に安らかに亡くなっていくこと、これも一つの「希望」だという。がんなど病床での話ではあるが、人生の老いにまつわる話として理解してもよいのだと思う。

韓国の現代詩にこんなのがある。「私の心は谷間が深く、物陰の暗い谷間ごとに鳥と獣たちが身を隠しています。その間私は明るい場所だけ探し回りました。これ以上は明るい場所を探さないようになった時、初めて私の心は明るくなりました。すべての鳥の声、獣の鳴き声が聞こえ、私は眠りから覚めました。あなたはいつこちらに来られました」（李晟馥《イスンボク》「出会い」、徐廷柱《ソジョンジュ》他著・姜尚求《カンサング》編訳『韓国の現代文学』第6巻、柏書房、一九九二年）。

今の私自身について言うなら、少なくとも大学卒業のころから持ち始めた民族や国家、統一、そして反差別などのアイデンティティのくびきから逃れたいと思いつつも、それをはねのけて全く新しい境地に立つほどの年齢ではない。どこにも逃げずに旧来のアイデンティティを純化させるなどというのも、複雑きわまりない現実世界ではほとんど不可能である。人間は誰でも、自分を守りたい、破滅から救われたい、という防御線といったものがあるのかも知れない。私はもしかしたら、それを探そうとしているのかも知れない。

「生き方」というのは「自覚の有無」で決めてもいいのではとも思う。その場合、人生、生きるのに、「なるようになる」というのは大事な考え方だと思っている。とくに高齢になってからの日々の過ごし方では、大切なことだと思う。いちど、新聞で建築家の安藤忠雄のことを読んだことがある(『朝日新聞』二〇二二年二月四日)。一九四一年生まれ、ろくに学校に行けずに独学で建築家の道を歩んだ安藤は二〇〇九年と一四年に二度がんの手術を受け、胆嚢、胆管、十二指腸、膵臓、脾臓を全摘する。「五臓なしの体」になって一〇年近く、「ないなら、ないように」と生きてきた。月に一度の検査、日に六回血糖値を測り、インスリン注射を打つ。「人生には覚悟と工夫、時に諦め、そして希望が必要だというのが私の信念です」と言う。五臓がなくても、それはそれで、全力で生きるしかない。そう思う度胸が必要だし、そこに希望も生まれる。希望とは、「生きる誇り」のことでもあり、自分で作り出すものだ、と。まあ、感服するしかない生き方であり、それを学ばなくてはとも思うが。

自分の人生をどう整理し、総括するのかは難しい。私の場合には、孤立とか孤独、ひとりぼっち、よるべなさ、といったものが人生に影を落としてずっと生きてきた、と考えるときがある。いつも不安とか迷いの中にいたと言うべきかも知れない。今から振り返っての話ではあるが。

岩崎大という人が『死生学』(春風社、二〇一五年)という本を書いている。副題は「死の隠蔽から自己確信へ」である。何よりも自分の限界状況において自己を自覚し、隠蔽しないこと、限界状況における自己の孤独を凝視し、そこにおいて他者との交わりを見つめなおすこと、それは新たな自己確信につながり、希望が見えてくる、と(いうことだろう)。図書館の書棚で偶然この大部な本を見つけて手に取ってはみたのだが、全部読みとおす気力もなく、ざっと見た感想である。

考えてみると、私は、「在日」だから孤独だったと言うつもりはない。ケンカやもめごとが渦巻く「在日」の集住地域で、忙しくワイワイと、楽しく暮らしてきた人はいくらでもいる。他の人は私が「在日」の「インテリ」だから孤独を感じやすいのではないかと言う人もいる。しかしそれも正確ではないと思う。確かに「在日」の高学歴者でなすすべもない人生を送り、あるいは送らされ、寂しい「老い」を生きている人も少なくないようである。私は京都で大きくなったが、日本人の友達もないままに小学校高学年以降は、いつも零細家業の小っちゃな工場で働き、放課後にクラブ活動をしたり、友達と遊び廻るということはあまりなかった。そして親の言うままに国立大学に入り、あいかわらず家の仕事に励んだ。大学に入ったとき、入学式のあと背が高いからかボート部に誘われたが、家の事を考えると、とても行けなかった。家の商売が倒産してからは貧窮の学生生活を送り、卒業後行くところの当てがないままに、狭い京都の街を出て東京の大学院に入った。大学院がどんなところか、論文を書き、学者になる養成機関だと知ったのは少し経ってからのことである。大学紛争で授業もなく、お金もなく、毎日印刷所などでアルバイトをしたりした。縁あって「在日」の女性といっしょになり、二人の子をなした。大学院を修了したけれども、論文一つなく、やっとのことで不安定ではあるが、月給とりとなった。ときにパチンコに手を出すなど、もやもやする時間を過ごしたが、思うところがあって三一歳になって初めて勉強らしきものを始め、八年か九年かかって「博士さま」になり、やっとのことで私立大学に職を得た。その間ずっとひとりで勉強し、研究会などには出たことがなかった。遅配がいつもだった会社の給料は今ではよくも長く貰えた「奨学金」だと思っている。そんな私は、たぶん今では、それなりに恵まれた人生を送ってきた人だと思われるのだろう。

人がどう見ようと構わない。ここ三〇年か四〇年くらい、私にはずっと付き合ってきた日本人の友人がいる。もちろん男性である。私と同じく大学の教師だったが、教職は学生を騙す泥棒だといって定年前に辞めて田舎に引っ越した。彼とは時に酒を飲み、またよく電話で話しをした。私が苦境に陥ると、しばしば電話をかけ、一時間ほどは話し、訴え、聞いてもらう。友人は私よりも、私のことをよく知っていると言う。作家の司馬遼太郎がしばしば夜中に、大阪府茨木市の竹林に住む作家仲間の富士正晴に電話をしていたと聞くが、それより頻繁に電話していたのかも知れない。彼は黙って話を聞いてくれるが、自分の信念、心情をよく話しもする。少し強がりでもある。その彼曰く、私、尹健次《ユンコオンチャ》の生涯に流れているのは「身勝手さ」だと。たぶん明言だと思う。身勝手とは、自己中心主義、我を張る、ということに近い言葉のはずである。いつ頃から、身勝手と言われる自分になったのか、と自問する。若いときはそうではなかったはずである。大学三年生のときに私が書いた「生きる」という詩がある。「もし／何のために生きるのかと／問われたら／ぼくは／こう答えるだろう／ぼくも／君も／生きてるから／〈生きる〉んだと／食べるときに食べ／寝るときに寝／話しをし／笑い／泣く――／これが生きるということだ／……」（森田進・佐川亜紀編『在日コリアン詩選集　一九一六年〜二〇〇四年』土曜美術社出版販売、二〇〇五年所収）。

東京の大学院に合格したとたん、総連中央のある部署の幹部が私に接触してきた。東京に出たらいままでの付き合いをすべて断ち切って一人で勉強しろと。大学四年生になってやっと仲間ができ始めたと思った矢先である。当時はよくわからなかったが、何のことはない、私を韓国に送る「革命家」に育てようというのであった。韓国からすれば「工作員」。のちに北にも密航して軍事訓練めいたものも受け、工作活動を教え込まれた。まあ、今から思うとちゃちなものだったが、青春の三、四年間、それで人生を棒に振ったと言ってよい。学生時代に留学同（在日本朝鮮留学生同盟）の集会で一、二度会ったことのある妻は、私が「革命家」「工作員」だと知っていた唯一の人である。東京に出て四年くらいして、総連本部にいた彼女は都営バスの中から私を見つけて、飛び降りてきた。それ以来四〇年、そのことを二人は親にも、子どもにも何も言わずに暮らした。「在日」の運動が盛んになっていっても、私はその中に入ることははばかられた。閉塞した精神状態のまま、ただ頼まれるままに原稿を書き、ときに講演をした。それは今から思うと「虚偽」であったのかも知れない。先ほど書いたのとはまた別の知り合いが私をこう評したことがある。ユンさんは必死に頑張って自分の責任を果たそうとしたが、知らず知らずのうちに「在日」の現実から遠ざかり、あるいは「在日」の現実から逃げていったのではないか、と。妻が死んだあと、二〇一五年に『「在日」の精神史』全3巻を岩波書店から刊行して、自分のことを全部書いた。自分を束縛し続ける内部の〈過去〉に形をあたえ、それを私から解放することによって、自分自身の自由を確保したかったのかも。ともかくも、やっとのことで、私はある程度「自由」になれたのかも知れない。ただその間、私の友人が言うところの「身勝手さ」が身についてしまい、孤独から逃れられなくなったのかも知れない。

妻がいなくなって、身震いした。伴侶、家族の大切さを思い知らされたと言うべきか。とくに大学院以来、孤立・孤独を余儀なくされた私にとって、精神的基盤である家族、「家（うち）」の意味をよく理解していなかったことに心底気づいた。身近な人の死を経験すること、それが教えてくれることを私はほとんど知らなかった。死というものが自分をいかに強く規定するかに考えが及びもしなかった。それが今に至る精神のあり方ではないかと思っている。もっともそれでも、友人は言う。配偶者やその他、他の人と一緒にいると不安や迷いは紛れることはあっても、しかし人生、所詮は一人ぼっち、だと。たぶんそうであろう。そしてそれを会得できればいいのだろうが、そううまくいかないから悩むのである。自信がないと言うべきか。

日本の租借地だった関東州大連に生まれた篠田桃紅（一九一三－二〇二一年）は、水墨画や版画など、限られた色彩で多様な表情を生み出した世界に知られる美術家である。その篠田が『一〇三歳になってわかったこと――人生は一人でも面白い』（幻冬舎、二〇一五年）に書いている珠玉の言葉を時々読んでみる。「自分という存在は、どこまでも天地にただ一人。自分の孤独を、客観視できる人でありたい」、「人生を枠におさめない」、「人には柔軟性がある。これしかできないと、決めつけない。完璧にできなくたっていい。人生の楽しみは無尽蔵」、「真実は見えたり聞こえたりするものではなく、感じる心にある」、「なんとなく過ごす。なんとなくお金を遣う。無駄には、次のなにかが兆している」、「幸福になれるかは、この程度でちょうどいい」、「相手に従うのではなく、お互いに違うことを面白がる」、「身を挺して、悩み苦しみを書き著（あらわ）した天才・芥川と太宰。人はどう生きるべきか、永遠のテーマで正解はない」。

これらの人生訓は簡潔で研ぎ澄まされた言葉で綴られている。あくまで篠田桃紅の人生での話である。しかし「在日」の歩みをここに重ね合わせてみると、たぶんこんなふうにはいかないだろう。小学校、中学校、高校、大学と、本名と通名がくるくると変わったことをどう組み込めばいいのか。指紋押捺だ、外国人登録証だ、今は在留カードだといつも「管理」されて政治の主体にもなれず、まともな職業にもつけなかった鬱屈感はどう表現すればいいのか。はたして分断祖国のもと差別社会日本で味わい続けた「在日」の根幹、基本的条件はどう書けば納得させられるのか。

アルコール依存症に苦しんだ朝日新聞記者の浅野真は、自らを振り返って、アルコール依存症は「生き方の病」だと述べている。「肉体や精神をむしばむのは、アルコールという化学物質だが、依存症に至る背景には恨みやねたみ、悲しみといったマイナスの感情があることが多い。そうした感情をうまくコントロールできれば、アルコールにおぼれる必要はない」(『朝日新聞』二〇二二年三月十一日)と。「在日」にアルコール中毒者が多いことを考えれば示唆に富む言葉である。

ただ、今ここで書いてきたことはあくまで私個人の問題である。死に向きあうのは私の話だから、それはそれでいいのかも知れないが、しかし私個人だけでなく、私の問題は社会全体の問題であることを考えるとき、もう少し幅広い視野で考える必要があるのも確かであろう。高齢で独居か夫婦二人暮らしが圧倒的に多くなる中で、社会との関わりが減り、孤立化しやすい社会状況である。幸い新聞を見ていると、二〇一一年の東日本大震災などとも関連して、支援を必要とする高齢者たちに対するさまざまな活動が紹介されている。震災の遺族だけでなく、喪失感を抱えている人が思いを伝える場所だという「風の電話」(『朝日新聞』二〇二二年三月十一日)や「震災こころのケア・ネットワークみやぎ」(『朝日新聞』二〇二二年三月一五日)などなど。

今の時代、私はどういう時代に生き、どんな時代に属しているのかわからないままである。孤独とか絶望と言えば、単純すぎる言葉であるように思われる。期待とか希望といったものを無理にもつこともないと思う。静かに去っていきたいのに、うまく了解できないのである。人生、納得できないものであることはいちおう承知しているつもりであるが、しかし、大事なことはこれまで生きてきた人生を後悔しないこと、誰かを恨まないこと、つまり、自分を被害者の位置において人を批判したり、攻撃したりしないことではないかと思う。死ぬのは当り前。あがき、振り回されつつ向きあうしかないもの。生きることそれ自体、我、自分を求め続ける修行であり、それは不安と悩みの中でけっして摑めない虚妄をこそ、追い求めることなのかも知れない。今まで、人生、こんなもの、という自覚ないしは覚悟めいたものが弱かったとは思う。格好良く言えば「生活の本質」を見抜けるような「忍苦の覚悟」というようなものかも知れないが、それを自分がもてればいいのではないかと思っている。しかしまた、最後の最後まで、そう思い切れないのが人生であるのかも知れない。

Ⅱ　漂泊を生きる

この文章はもともと、「漂泊詩人、死を生きる――放哉、山頭火、金サッカを考える」という題で書こうとしたものである。近代の日本で漂泊詩人として知られる尾崎放哉（一八八五－一九二六年）や種田山頭火（一八八二－一九四〇年）はどう生きたのか、そして朝鮮の漂泊詩人として知られる金サッカ（金笠、一八〇七－一八六三年）はどう生きたのかを書いてみたいと思ったからである。そこでは放浪するとはどんなことか、孤独とは何か、そして死を生きるとは、そして詩作の意味は、といった命題について考えてみたかった。

一　漂泊とは

若いころからだと言ってよいと思うが、私はいつも「漂泊」することを考えていたはずである。漂泊とは、さ迷う、旅をする、放浪するという意味を含んでいるが、大学三年生のときにガリ版刷りで出した詩集『旅路』の副題は「生きるとは悲しみに耐えること」だった。私にとって旅をするというのは何かを求めて、悲しみを抱えてさ迷うことだったと思う。そしてそれは後期高齢者となった今も続いている。いつも思うことだが、日本では伝統的に漂泊詩人といったものの人気が高い。西行、一休、芭蕉、良寛、それに近いところでは尾崎放哉や種田山頭火である。これらは生きる上での苦痛や孤独、そして修行や信仰などに関わるものだと言ってよいが、究極的にはどのように死を迎えるのかという問題につながる旅路である。ちなみに渡辺利夫著の『放哉と山頭火』(ちくま文庫、二〇一五年)という本があるが、その書名の副題は「死を生きる」となっている。この書名・副題に惹かれて本を読み始め、それがいつの間にか、放哉や山頭火、そして朝鮮の金サッカについて少しまとめて書いてみたいと思ったのである。放哉は「つくづく淋しい」と言い、山頭火は「何でこんなに淋しい」と嘆き、深い孤独を酒で紛らわしながら迫り来る最期を鋭利に見つめようとし、死に対する覚悟といったものを清澄な自由律俳句に昇華させようとしたと考えてよい。「漂泊詩人」と言えば聞こえはいいし、また自由律俳句と言えば、感情の自由な律動の表現に重きを置き、ときに時空の一瞬を切り取って写し出すのがその極みであるとも言えようが、放哉にしろ、山頭火にしろ、その実態は他人への甘えから抜けきらない「乞食詩人」という側面を色濃くもっていたようである。ただここで放哉や山頭火などについて書くといっても、その根本は放哉や山頭火の生活や思想、生き方を知ることを通じて自分自身の内面のありように接近してみたいということである。人は誰でも、孤独で孤立し、あれこれとさ迷いながら人生を過ごすものであるが、私の場合はどうなのかということを放哉や山頭火、金サッカを通して考えてみたいのである。「人生、こんなもの」といった悟りめいたものというか、諦めというか、ひとつの人生観といったものが持てればいいのであるが、まだまだその域には達していないし、達する見込みもない。その点、自分の内面の葛藤や苦しみ、言ってみれば自分の弱さといったものを表出することにもなり、そういったことはそう安易にすべきではないと戒められることにもなるが、それはそれでやむを得ないことではないかと、私は思っている。

「旅」という言葉を考えてみると、普通は開放感といったものとつながると思う。異世界を旅すると、自分が暮らす日常が世界に拡がる可能性の一つに過ぎないことがわかり、あらためて「生きる」ことの新鮮さを知ることにもなる。しかしそれでも実は、俳句と漂泊、旅の関係についていつもよくわからない気持ちをもっていたが、たまたま雑誌『俳句』(角川文化振興財団、二〇二二年三月号)に〈特別対談〉高橋睦郎×小澤實「俳句にとって旅とは何か」があり、教えられるところが多かった。俳句のみならず、日本の詩歌の根底にある旅のこころについて議論しているが、日本の歌人や俳諧師は伝統的に旅を大切にしてきた。漂泊と定住、たとえば松尾芭蕉もそうであるが、そのもとには日本文学が成立する遙か以前の、大陸から、海洋から、何波にも亘って渡来してきた漂泊の遠い記憶が無意識のうちにあるのではないかという。日本人は固有の単一民族ではなく、もともとはいろいろな土地から流れ着いた難民で、これこそが旅人の原型である。「旅」とは何か、いろいろな語源説があるが、柳田國男の「結(た)べ結(た)べ」説がもっとも説得力があり、結べ物=食べ物を下さいということ。だから旅の原型は乞食業、乞食の所業、食べ物を請うこと。請うて貰えるといいが、貰えなければ密かに盗む、窃盗である。さらには、強(したた)かに奪う、強奪。これが極まったものが戦争である。だから、戦争は旅、征旅ということになり、戦争の前線に立つ兵士はつねに死を覚悟している。旅は本来、こうして死を覚悟したものなのである。

なるほど、死の覚悟。それが旅であり、そこに詩歌が生まれる。芭蕉は「野ざらしを心に風のしむ身かな」と詠った。旅の途中、野たれ死にして、白骨になるかも知れないが、それを覚悟して長旅に出ようとすると、折からの秋風がことさら身にしみてわびしい、ということ。やむにやまれざる必然、必要の旅だし、死を覚悟して、である。生きることをさまざまに表現した社会学者の見田宗介（真木悠介）は、二〇二二年四月に亡くなったが、その著『気流の鳴る音』（岩波書店、二〇一二年）で芭蕉についてこんなことを言っている。芭蕉は松島を目指して四十日余りの旅をし、数々の名句を生む。しかし松島では一夜を明かしたのみで、『奥の細道』に一句も残していない。松島はただ芭蕉の旅に方向を与えただけである。芭蕉の旅の意味は「目的地」に外在するのではなく、「奥の細道」そのものに内在していた。松島がもし美しくなかったとしても、あるいは松島にたどり着く前に病に倒れたとしても、芭蕉は残念には思うだろうが、それまでの旅が空虚だったとは思わないだろう。旅はそれ自体として充実していたからだ、と。芭蕉は実際には、大阪で客死するが、このように考えると、人は自分の歩いている道、過ごしている日々をきちんと生きて行くことがどんなに大事なことかが理解しやすくなり、その意味で、放哉や山頭火のことをよく理解する必要があるし、朝鮮で言えば、朝鮮王朝後期の放浪の諷刺詩人とされる金サッカの生き方についてきちんと学んでみなければいけないのではないかという気がする。

ここでひとつ書いておくと、放浪と言えば、松本清張の映画『砂の器』に出てくる親子の放浪場面を思い出す。主人公はハンセン病発病以後、まだ幼かった息子をつれ、巡礼姿で北日本の海岸一帯を二年間さ迷う。これは自己の業病をなおすために、信仰をかねて遍路姿で放浪していたことと考えられるが、ついに島根県で優しくて親切な巡査によって助けられるという映画の一場面である。何回観ても涙を誘う清張作品の感動的な画面である。親と子の〝宿命〟だけは永遠のものであるということを遍路という旅の形で見事に描いたものであると言えよう。

二　放哉と山頭火

尾崎放哉と種田山頭火を較べてみると、たぶん山頭火について書いた評論や研究書などがずっと多いだろうが、私はいちおう次のような本を読んでみた。先にあげた渡辺利夫『放哉と山頭火――死を生きる』以外に、放哉については荻原井泉水『放哉という男』(大法輪閣、一九九一年)、吉村昭『新装版　海も暮れきる』(講談社文庫、二〇一一年)、山頭火については山頭火『行乞記』(『あの山越えて　行乞記㈠』『死を前にして歩く　行乞記㈡』春陽堂書店、一九七九年)、荻原井泉水・伊藤完吾編『山頭火を語る』(潮文社、一九七二年)、首藤保『種田山頭火論』(A文学会、二〇一七年)、村上護『山頭火放浪記――漂泊の俳人』(新書館、一九八一年)、である。もちろん放哉と山頭火の句集を折に触れて読んでもみた。荻原井泉水(一八八四－一九七六年)というのは、日本の自由律俳句の俳人・俳論家で、自由律俳句の俳誌『層雲』を主宰し、放哉や山頭火を育てた師である。

　これらの本に出てくる放哉と山頭火に関わるキーワードをあげてみると、「孤独・寂しさ」、「酒」、「漂泊・放浪・遍路」、「乞食・行乞」、「俳句」、「禅・仏教」、「人生・苦しみ」、「死・自殺」、「母・妻」、「庵」などで、すべて自分の生きざま・生き方に関わった言葉である。

　尾崎放哉は鳥取県出身、父は鳥取地方裁判所書記。一九〇二年に上京して第一高等学校に入学、翌年一高俳句会に参加して一級上級生の荻原井泉水に出会う。東京帝国大学法学部に入るが、癖のある性格で、学友たちともそりが合わなかったという。在学中に放哉の号を用いて投句を始める。卒業後、東洋生命保険に就職し、二六歳のとき、馨、当時一九歳と結婚。大阪支店次長を務めるなど出世コースを進み、裕福な生活を送るが、人間関係に悩み、厭世の気分を深めて酒を飲むとよく暴れ、周囲を困らせた。東京本社帰任後、酒癖の悪さを理由に降格、辞職にいたる。友人の助けで朝鮮火災海上保険支配人として京城に赴くが、肋膜炎を病み、再び酒癖の悪さを理由に免職される。再起を期して満州に赴くが、病状の悪化で大連から長崎に行き、従弟宅に仮寓する。やがてそれまでの生活を捨て、妻を置いてひとり、無所有を信条とする京都の一燈園に住まい、俳句三昧の生活に入る。その後、寺男で糊口（ここう）をしのぎながら、最後は小豆島の庵寺で極貧の中、ただひたすら自然と一体となる安住の日を待ちながら俳句を作る人生を送った。周囲とのトラブルが絶えなかったが、俳句仲間の援助を受けながら、膨大な数の句を紡ぐ。季語を含まず、五・七・五の定型に縛られない自由律俳句の代表的俳人として名をなし、「咳をしても一人」などの句で知られる。身体の衰弱激しく、四一歳で瞑目する。

一方、種田山頭火は、放哉と並び称される自由律俳句の代表的俳人であった。山口県生まれ、父は政治好きの大地主で、傾く家産を省みず、複数の妾を抱えて遊蕩にふけったという。一〇歳のとき、母が自宅の井戸へ投身自殺するという悲劇が起こり、母の不憫さ、哀切の思いに生涯苛まれることになる。早稲田大学大学部《(ママ)》文学科に入学するが、この頃から酒癖が始まり、神経衰弱症と診断されて大学を中退、帰郷する。二七歳のとき、咲野、当時二一歳と結婚し、長男誕生。この頃から文芸誌に投稿し始め、やがて荻原井泉水に師事して『層雲』同人となり、山頭火の号を使う。「たまさかに飲む酒の音さびしかり」などの句を詠み、ひとり東京に出て日銭を稼ぐ生活を始める。やがて親族の圧力もあって咲野との戸籍上の離婚を余儀なくされ、以後、抑鬱的感情の昂進、酒癖の悪化がすすみ、酒乱の果てに熊本で自殺を企てる。間一髪助けられて熊本市内の曹洞宗報恩寺の住職の導きで禅門に入り、以後、出家得度、坐禅修行をおこなう。しかし安住を嫌う山頭火は各地へ放浪の旅にでかけ、行乞行脚をくり返す。ときに自殺を図るも未遂におわり、俳句仲間の援助を受けて遍歴し、最後は松山市の御幸寺境内の一隅に庵居、五八歳で絶命する。

三　孤独・寂しさ、そして酒

放哉が無常観を漂わせた静の俳人であったとするなら、山頭火は絶望感の虜となった動の俳人であったともいう。当然二人は違った側面をもっていたが、先ほどあげたキーワードに示される共通点をもっていた。

その場合、やはり「孤独・寂しさ」が人生最大の問題ではなかったかと思う。放哉にしろ山頭火にしろ、自分は寂しい人間だとわかっていた。一燈園を辞して寺男として転々とする身となった放哉にとっては、それでも孤独というもののありがたさを心底感じることが多かったようである。妻と無縁となり、資産というべきものもない放哉にとって、孤独のみが唯一の授かりものとなった。沈思の時間と空間、それは孤独の中でのみ味わうことができ、とくに夜の孤独の安らぎの中で句作の想を練ることが無上の喜びであった。大きな自然の中で孤独は、何ものにも代えがたいものであり、そこで句作を尽くし果てて死ねればと思うほどであった。荻原井泉水は、放哉が「つくづくと寂しさ」を感じているのも孤独のためだった、という。その孤独は棄てるものではなく、他のそういう孤独の人と会ってしみじみと語り合い、孤独にあって孤独を忘れる道というか、お互いに孤独を認めあうことによって、孤独の真実を確認する喜びをもたらすものであった。もっともそうはいっても、句作がうまくいかず、次の句が容易に浮かんでこなくなるとき、放哉の心を苛むのは悔恨の過去ばかりだったともいう。先ほどまでの安らぎの孤独が過去への囚われに変じてしまい、安らぎの孤独は次第に来し方への恨み節となってしまう。そこで逃げ込むところは酒しかない、ということになる。

一方、山頭火にとって、孤独は何よりも、母の自殺、喪失によって、内面奥深くに住み着いてしまったものであった。孤独の深淵に母の喪失があるために、深い孤独に落ち込むとき、母の白い顔が浮かび上がってくる。それは母の身投げだけでなく、末弟のあっけない病死、姉の正体不明の死など、呪詛の血とつながるものでもあった。とりわけ母の不幸が凍てついてしまった山頭火にとって、わがままを尽くしても壊れることのない母の愛の欠落、薄幸の母への憐憫と哀切は如何ともしがたい劣等感につながり、それは酒への誘惑へと導かれた。もっとも山頭火にとって、ひとりでいるときの孤独はどんなに深くとも、そこには時には何かしらの甘美があり、救いがあったともいう。山頭火自身の言葉を記すなら、「孤独の寂しさに堪へなければならない。自我の冷たさを抑へなければならない。そこを掘り下げて、その底から滲み出る醍醐味を嘗めなければならない」（前掲『山頭火を語る』）と。たぶんそれが、山頭火の句作のエネルギーになったのだと思われる。

孤独とか寂しさといったものは私も含めて、この世のすべての人が抱え込んでいるものである。まったくそんなものはないと言う人はほとんどいないし、言ったとしてもそれは強がりにしか聞こえない。放哉にしろ山頭火にしろ、その孤独と寂しさは何らの邪心もない、すべての人と共通するものとしてありながら、それでも上に述べたような特質をもっているのではないかということである。

さて「酒」の話であるが、渡辺利夫は『放哉と山頭火』で、放哉の「アルコール依存の宿業」についてかなり詳細に描写している。「せめて今日だけは酒は飲むまいと思っても、結局は飲んでしまう。少しの酒で止めておこうとしても、飲み始めれば切りというものがなくなる。飲酒の抑制がきかず、時に酒乱の様相を呈する。何という意志の弱さかとみずから嘲るが、体が飲酒の欲求を絶えず促す。……厭世や不安から逃避しようという酒は質が悪い。飲み始めれば厭世と不安の気分は少しは和らげられるような気がするが、盃を重ねてアルコールが体中を浸す頃になると、どういうことだろう、厭世の気分はますます深まり、病への不安は死の観念を覚醒させる。その気分から逃れたいと、また酒量がふえる。結局は、どろどろに酔いつぶれてしまう。酔いざめに襲ってくるのは自己嫌悪である。卑屈な自分に呆れてこの気分がまた酒を促す」。

放哉は大学を卒業する頃には、大酒飲みと言われ、周囲の者たちを驚かせたという。それは失恋のためだったとも言われる。母の弟は軍人であったが、放哉が一六歳のとき、その娘、つまり従妹が近所に引っ越ししてきてから親しく交わり、毎日のように会って恋心をいだき、ついには結婚を申し込むまでになる。双方の両親は同意する動きであったが、しかし恋人の兄が医学的にみて血族結婚は絶対に避けるべきだと主張し、破談に追い込まれる(前掲『新装版　海も暮れきる』)。他の文献でもそう書いているのもあり、たぶんこれは放哉の酒癖につながる人生の事実であったろうと思われる。酒だけが唯一の慰めとなったが、人生の晩年にはその酒すら体に合わぬものとなり、死が近づいた折には、酒を思う存分飲み海に入って自ら命を断てばよい、と思うほどの生きざまであった。そうした放哉について荻原井泉水は、「酒を離れて放哉はないと言ってもよい。だが、酒を飲むと彼の性格はすっかり変わってしまう。……そこに彼の人間的な矛盾と苦悩がうまれる」(前掲『放哉という男』)と書いている。私が思うに、たぶん放哉は世間から見捨てられた存在だと思っていたはずである。

山頭火も放哉に劣らず酒癖が悪かった。しかも山頭火は酒だけでなく、鎮静催眠薬のカルモチンも常用した。焼酎は安いがうまくない、高くても日本酒がうまいと常々言い、俳人仲間に日本酒や時に高級ウィスキーをしばしばねだったりした。枯淡な生活をのぞむと言いながらも、「酒はやっぱり溜息ですよ」と吐露する。それでも「酒は人を狂はしめることは出来るが、人を救ふことは出来ない」、「酒が我を酔はすといふよりも、我自ら先づ酔ふのであろう」（前掲『山頭火を語る』）という言葉を残している。酒による酔いの深さを山頭火はこう面白く表現したという。「まず、ほろほろ、それからふらふら、そしてぐでぐで、ごろごろ、ぼろぼろ、どろどろ」と。酒で躓くたびに、酒に溺れ、人の友情に甘えすぎる自己を呪い、罵倒し、悔恨する。最低の人間だ、と自らに向かってののしる。「世を捨てたなどと自惚れてはいない。世に捨てられた自分を見詰めている」と言ったというが、ある評者はこれを山頭火は冷静に謙虚に自己を眺めていた、この姿勢は生涯を通じて変わらなかったと述べている（前掲『種田山頭火論』）。はたしてそうなのか、そう評価しうるのかどうか、私自身はそうは思わない。世間から見捨てられたというが、各地の俳人仲間に酒代はもとより、宿代や治療代の支払いを求め、時に庵の斡旋という難題をもちかけたり、甘えに甘えた身で言う言葉ではないはずである。

「世に捨てられた」と思うから酒を飲むのか、あるいは酒を飲むから、世に捨てられるのか。私もときどき、世に捨てられた、とまでは思わなくても、独りぼっちだと思うときがある。そして酒を飲むときもあるが、それは寂しいとき、あるいは疲れたとき、何か慰めを求めるときなどではないかと思う。「酒を飲んで憂さを晴らす」という言葉がある。ときどき、父のことを思い出す。父は七〇歳で亡くなったが、その六、七年くらい前に家業の配達仕事でスクーターに乗っていて転び、足を手術、二センチくらい短くなった。昼間から酒を飲んでは憂さを晴らし、家族に迷惑をかけた。私自身は別に暮らしていたが、同居していた妹たちはさぞ辛かっただろうと反省もする。おしなべて「在日」の男は現実の生活に鬱憤して酒を飲み、多くが早死にしていっているが、これは「在日」の歴史的・構造的特質とも絡んでいる。私自身は若いときは確かにぐでんぐでんに酔ったことが何回かあるが、高齢になった今はそういうことはほとんどない。むしろ酒は少し飲むが、たくさんは飲めない、というのが実状だと思う。しかもある友人は私にいつも言う。おまえは独りぼっちだと言うときがあるが、そうではない、みんなと繋がって生きているんだと。二〇二二年四月に放映された「NHKスペシャル　立花隆・最後の旅」を観ていると、末期がんの女性が最期のとき、「ありがとう、さようなら」と言って逝きたいと言っていた。これはともに支え合って生きてきた周囲の人たちにそう伝えたいということだろうが、立花隆の言う「いのち連環体」に通じる言葉だと思う。

四　漂泊・放浪・遍路

いずれにしろ、人生は難しいものである。不安と悩みがついて廻り、それは最期の瞬間まで終わることはない。その点、やはり「漂泊・放浪・遍路」はたいへん重要なことではないかと思う。放哉と山頭火の場合には、これは「乞食・行乞」と結び付いている。放哉は漂泊・放浪の果てに最後は瀬戸内海・小豆島の庵に入った。四国遍路八十八の札所はたいてい「寺」であり、その寺には附属する「庵」がある。放哉が身を寄せた庵は第五十八番目の西光寺の庵であり、そこは遍路姿の巡礼者が立ち寄るところであった。昔は白衣、頭蛇袋、脚絆、手甲（てっこう）、檜木笠、草鞋の遍路姿で歩いたが、今は金剛杖と鈴だけが昔と変わらず、現代風のいでたちがほとんどだという。放哉は別に遍路姿で歩いたわけではなかろうが、山頭火は写真を見るかぎり、遍路姿で方々をさ迷い歩き、四国巡礼も何回かしている。こうして漂泊・放浪・遍路は仏教で言う行乞の旅となるが、山頭火について言うなら、実際にはどれほどの覚悟があったのか懐疑的である。法衣に包まれて、お寺に助けられて、あるいは悪く言えば利用しつつも、やはり「禅僧山頭火」ではなく、「俳人山頭火」として生きたのではなかろうか。村上護は山頭火をいちおう「漂泊の俳人」だとしながらも、芭蕉との違いをこう述べている。山頭火は芭蕉に傾倒していた。芭蕉を見習うことによって、自己の人格まで変貌させようとした。彼にとって芭蕉の旅の意味は、不知不識の間の停滞を恐れて、それを打開するための修行であった。それが自分にも必要だと考えたが、それほど深くまで会得したとは思えない。その迷いは彼の内部でずっと収拾のつかぬままあったと考えられるのでは、と（前掲『山頭火放浪記』）。山頭火自身は、酒に溺れ、人の友情に甘えすぎる自己を呪って、執着を断ち切る修行・行乞ではなく、ただの乞食ではないかと煩悶していた。

山頭火の『行乞記』にはこんふうに書かれている。「私はまた旅に出た、愚かな旅人として放浪するより外に私の行き方はないのだ」、「所詮、乞食坊主以外の何物でもない私だった、……一生流転せずにはゐられない私だった、……二本の足よ、歩けるだけ歩け、行けるところまで行け」、「酒一合飲んだらすっかり一文なしになった、明日からは嫌でも応でも行乞を続けなければならない。行乞！　行乞のむづかしさよりも行乞のみじめさである」。「終日歩いた、たゞ歩いた」という山頭火が泊まる安宿には按摩さん、ナフタリン売り、土方のワタリ、へぼ画家、お遍路さん、坊主、等々に加えて、「鮮人」もいた。「鮮人はダラシがないことは日本人同様、ツケアガルことは日本人以上、支那人は金貯め人種だ、行商人の中で酒でも飲んでゐる支那人をみたことがない」。仏道の「托鉢者」でも「修行者」でもない自分は、「行乞者」だという自己認識であった。

こうした放哉とくに山頭火の人生をどう考えればいいのか。新聞を毎日丹念に読んでいると、ときに山頭火にまつわる記事に出くわす。ある高齢者の男性はこう書いていた。「俳句に詠む　日常が心癒やした」と題して、「漂泊の俳人・種田山頭火の言葉を知った。『不幸を幸福に転ずる唯一の方法はその不幸を味わい尽くすにある』」と。絶望は希望を失った空っぽの心に棲み着く。しかし、空っぽであるがゆえに、そこには喜びを受け入れる余地もあったのだという。そして「絶望に会えてよかった。そんな思いで、まだ生きている」（『朝日新聞』「声」欄、二〇二二年二月四日）と。これはこれで、人生の絶望の中で、それでも山頭火の言葉を胸に刻んで生きてきたということで、別に他人がとやかく言うことでもなかろう。放哉や山頭火が俳句に身を託し、そこに生き甲斐を求めて何とか生き抜こうとしたことはよくわかるし、後世の人間がそこから学んだということも理解できる。放哉が人間のどうしようもない淋しさと人生の深い悲しみを俳句に表現する才能は驚嘆するもので、胸の奥の空洞、乾いて鈍く攻めあがる痛み、近づきつつある死への惻々たる思いを綴る力強さ、そして、深い憂鬱を抱えての山頭火の行乞漂泊にみる自由律俳句の極み、これら放哉と山頭火の句が読む者を捕らえて離さないのは、二人が現代を生きるわれわれの苦悩を「代償」してくれるからなのだろう（前掲『放哉と山頭火』あとがき）、という評価も、いちおうは納得してもよい。まさに「死を生きる」ということになるのだろうか。

「苦痛」について山頭火はこう書いている。「苦痛に徹せよ。しかし苦痛は戦うて勝てるものではない。打ったからとて砕けるものではない。苦痛は抱きしめて初めて融けるものである」、「苦痛は自己を造る、そして神を造る」、「苦痛に沈潜せよ、運命を認容する意力は苦痛の底にのみ在る」、「理解なき夫婦ほど悲惨なものはない」（前掲『山頭火を語る』）、などと。いい言葉だとは思うが、何か深みがない、という気もするし、心情をよく写生しているが、自分勝手という感じもぬぐえない。山頭火は何か、断定的に物を言いすぎているようにも思える。しかも、さらに言うなら、妻子を置き去りにして何が苦痛との闘いか、何の求道か、という批判が付きまとうのはやむを得ないだろう。

まあ、それはそれとして、私も昔、大学三年生のときに「苦しみ」について「安らぎ」という題の詩を書いたことがある。いま読むと少し格好良すぎる気はするが。「堪え忍ぶことのできる者だけが／大いなる安らぎを得る／／苦しめば　苦しむだけ／喜びも　はるかに大きくなる／／さあ　苦しみよ／私のところにやってこい／／私と二人だけで／楽しく遊ぼうよ――」（『尹健次詩集　冬の森』影書房、二〇〇九年）。

山頭火の句に「分け入っても分け入っても青い山」というのがある。この句もどちらかというと、青山白雲と同化したというような、つまり悟りきった気持ちを表現したもののように受けとられるかも知れないが、じつは矛盾に満ちた胸の内を言い表そうとしたものだという。荻原井泉水が述べているが、この句には一脈の寂しさがあり、それは人間の世界に背こうと歩いているが、実際には心はかえって人間の世界を求めている、自分の心境の中にある矛盾を凝視しようとしているのだという。悟りきったのとは反対の、悟りきれないもの、割り切ろうとして割り切れないもの、そこに山頭火の句があるというのである。私なりに、比喩的に言うなら、青い山の向こうには俗世間があり、それを山頭火は忘れられないでいる、とでも言おうか。たぶん妻子のことも忘れられなかったのだと思う。いずれにしろ、荻原井泉水は、放哉は小豆島に籠もってから、門外不出をモットーにして、きっちり足を組んでしまった、好く坐った人の境涯であったのに対し、山頭火は歩く、どこまでも歩く、歩くことをもって懺悔とする境涯だったという（前掲『山頭火を語る』）。

はたして「孤独」とか「寂しさ」とは何なのだろうか。ひとりでいることが寂しいと感じる場合もあれば、煩わしさから解放されたいと願う場合もある。雨が降っているからいいというときもあるし、雨が止んだからいいというときもある。どんなことにも二面性があり、それは受けとめ方、感じ方によって違う。「表裏」と言ってもいいし、「矛盾」と言ってもいい。人生、不安と悩みに満ち満ちているというのは、このどちらか一方を切り離してしまうことができないことを指すのであろう。孤独だから、寂しいから、だから生きられるのだという言い方も正しい、ということになる。「生き抜く」ということの根幹はそのことを知れ、ということなのかも知れない。それはまさしく漂泊であり、放浪であり、遍路なのかも知れない。私が大学三年生のときに書いた「旅路」という詩がある。「彼は／地の果てから／とぼとぼと歩いてきて／これからも／疲れきって倒れるまで／とぼとぼと／ひとりで歩いてゆくと言う／みすぼらしい／よれよれの服を着て／肩に／これも すり切れた袋をさげて／彼は／とぼとぼと歩いてゆく／きっと／この道が／彼に許された／ただひとつの／〈旅路〉なのだろう」（森田進・佐川亜紀編『在日コリアン詩選集 一九一六年〜二〇〇四年』土曜美術社出版販売、二〇〇五年所収）。問題は大学生のころの私と、今の私が同じであるのかどうか。同じであっていいのか、それではいけないのか。私は放哉や山頭火を知って多くのことを学んだが、しかしまた何かふっきれないものも感じている。それは「在日」であるからというよりは、何かもっと別のためではないかという気もするのである。

五　金サッカについて

さて、放哉や山頭火のことを心に留めつつ、朝鮮王朝後期に生きた金サッカ（金笠）について書きたい。放哉や山頭火より約八〇年前の一八〇七年に生まれた金サッカは、腐敗した封建支配層に反抗する民乱が続き、また朝鮮半島の沿海岸に異様船（外国艦船）がしきりと出没し、さらには禁教の天主教が朝鮮の知識層や女性層にかなり浸透していくという社会の転換期、動乱期に生まれた。ここでは崔碩義《チェソギ》著の『放浪の天才詩人　金笠』（集英社新書、二〇〇一年）および『金笠詩選』（崔碩義編訳注、東洋文庫、平凡社、二〇〇三年）を主として参照するが、今村与志雄の『歴史と文学の諸相――朝鮮・ヴェトナム・中国』（勁草書房、一九七六年）に収録されている長文の論稿「諷刺と抒情――金笠の詩の鑑賞と批評」も参照する。崔碩義は在日一世で在日朝鮮人運動に携わったあと、一九八〇年から朝鮮近世文学研究に転進し、執筆活動に入った文芸評論家で、日本における唯一とも言うべき金サッカ研究者であった。

金サッカは本名・金炳淵《キムビョンヨン》であるが、全国を放浪していたとき、いつも笠（サッカ）をかぶっていたことから、世間の人が呼んだ俗称である。金サッカ自身が著述した詩篇・文集の類はなく、今日残っている金サッカの詩のほとんどは植民地時代の一九三〇年代に李応洙《イウンス》が朝鮮の各地で収集し、一九三九年に京城で出版した『金笠詩集』と、それをさらに充実させて一九四一年に刊行した大増補版『金笠詩集』によって目にすることができるものである。金サッカの詩のほとんどは七言絶句や七言律詩、五言絶句などの漢詩であるが、諺文（おんもん：ハングル）の混じった詩もある。解放後、北や南で金サッカ詩集の出版が少しずつ行われ、とくに韓国ではかなり前から「金サッカ・ブーム」と呼ばれるくらいに人気詩人となり、歴史的人物としては日本の一六世紀の朝鮮侵略・壬辰倭乱（イムジンウェラン）のときに活躍した李舜臣《イスンシン》将軍がもっとも尊敬されているのに対し、金サッカはもっとも親愛度の高い「放浪詩人」として知られている。ただ日本では、三好達治や今村与志雄がわずかに論稿を書いているくらいである。といっても、昔、一九六〇年代後半から七〇年代、日本の韓国系の青年組織であった韓青同（在日韓国青年同盟）では、集会やデモのあと、飲み会で金サッカの歌をよくうたったと聞いている。一九五五年に作られた「放浪詩人金サッカ」という題名で、三節まであり、やかんやお茶碗を箸で打ち鳴らして興じたという。

金サッカは朝鮮各地をめぐって放浪したが、その実態は「乞食詩人」であった。ときに人生詩人、風流詩人、慷慨詩人、諷刺詩人、破格詩人、歴史詩人などと評される多面的な側面をもち、優れた文章家であり、思想家でもあったとされる。社会のいびつさ、庶民を苦しめる両班（ヤンバン）特権層を批判してやまず、人生の機微を詠い、自然を豊かな目で鑑賞し、宇宙を自分の心の鏡に映して賛嘆した哲人であると同時に、酒を愛し、物乞い行脚をくり返して民衆の心を詠った旅人であった。「狂気の人」であったとも言われる。

強烈な個性をもった金サッカであるが、そこには名門の出でありながら腐敗した王朝によって家が廃され、その事実を知って出奔、死ぬまで反骨の生き方を通した生涯の悲劇性があり、それにともなう自我の葛藤があった。当時、王朝権力の中枢にあった安東金氏（アンドンキムシ、朝鮮の氏族の一つ）の家門に生まれた金サッカは、順調にいけば出世街道を歩むはずであったが、金サッカがまだ幼少期のころ、宣川（ソンチョン）の府使（地方官）だった祖父が洪景来《ホンギョンネ》の主導する農民蜂起に巻き込まれ、不運にも敵に降伏してしまう。このために王朝政府から厳しく断罪されて処刑に処せられ、一家は滅門廃族に追いやられ、苦難に満ちた生活が始まる。両班家門出身の母親はそうした苦境の中、金サッカに一歳年上の女性との結婚を勧め、家庭をもたせて、生きる道を探させようとした。家門滅亡の事実を知らなかった金サッカは二二歳になったとき、廃族の子孫であることを知って愕然とし、言いしれぬ恨を胸に抱いてついに家を出て、アウトサイダーの人生を歩んでいくことになる。いったん漢陽（ソウル）に出るが、挫折して一時家に帰るも、その後二四歳のときに再び家を出て、二度と家に帰ることはなかった。その足跡は北は豆満江から南は済州島に及び、数十回も「三千里錦繡江山（全国）」を行き来したという。ときに野宿をせざるを得ないときもあったが、懐に余裕があるときは、酒幕（チュマク）を転々としたという。各地にある酒幕はその頃、どんな田舎の街道筋にもあって、居酒屋、食堂、宿屋の三つを兼ね、酒代と食事代さえ払えば宿泊は無料だったという。それにこの時代、寺や書堂（ソダン、私塾）でも、旅人のために宿と食事を無償で提供する良き習慣があったともいう。それだけ少しは気楽だったと言えるのかもしれない。

「断句一句」という詩を書いている。「万事皆有定／浮世空自忙」（万事はみな定められている／はかない世の中を空しく忙しがっているだけだ）。人生じたばたしても始まらない、死ぬときが来れば路傍で野たれ死にして鴉の餌食になるのもよし、と仏教的色彩をいくぶん帯びた人生観をもっていたようである（前掲『金笠詩選』）。事実、金サッカは、五七歳で、全羅道・同福（ドンボク）の路傍で野たれ死にしている。当然、金サッカは生涯、孤独そして寂しさに苛まれて生きた。その根本理由が家門滅亡によって世に捨てられたことにあったことは言うまでもない。立身出世の道を閉ざされ、将来に絶望した金サッカは、自ら「天下の罪人」だと言って、笠をかぶり敢えて天を仰ぎ見ようとはしなかった。金サッカは生涯仏門に入ったことはないが、笠は朝鮮王朝時代、一般的に僧侶や罪人、あるいは喪に服する人がかぶるものとされていた。金サッカにとって笠は竹杖とともに手放すことのできない旅装であった。「咏笠」（ヨンリプ、えいりゅう）という漢詩がある。

「浮浮我笠等虚舟／一着平生四十秋／牧堅軽装随野犢／漁翁本色伴沙鷗／……／俗子衣冠皆外飾／満天風雨独無愁」（浮き草のようにさすらう私の笠は空舟のようなもの／一度かぶってから四十年という生涯が過ぎた／それは牧童が野原で子牛を追うときの軽装で／漁夫が鷗を友にして魚をとるときの本来の姿／……／俗人の衣冠はみな外づらを飾るものだが／満天に風雨が吹き荒れても、これさえあれば心配ない）。笠を詠じたこの七言律詩は、韓末の憂国志士である張志淵《チャンジヨン》編の『大東詩選』に収録されているものであるが、今日の韓国では笠をかぶって全国を歩いた乞食詩人と言えば、その名を知らない人はいないという（前掲『金笠詩選』）。

全国を放浪した金サッカの詩には両班、農民、老人、女人、儒者、僧侶、占い師、風水師、子供に至るまでさまざまな人間が登場する。それだけ当時の社会的実相に触れているが、とくに社会的貧困の諸相を少なからず詠ったことは大きな意味をもっていると思われる。「婦姑食時同器食／出門父子易衣行」（嫁と姑は、食事をするとき同じ器を使って食べ／父と子が、外出するとき衣装を取り替えて行く）と。また「人間無罪有貧／莫道貧富別有種」（人間に罪があるのではなく、罪は貧しさにある／貧富の別は種にあるのでは決してない）と。両班支配層を批判すると同時に、金サッカは常に民衆の貧困のありさまに目を向けていた（前掲『放浪の天才詩人　金笠』）。先に述べたように、放哉は自堕落、山頭火は厳しさに欠けるという特質をもち、ともに世間に対して甘えん坊であり、社会貧富のあり方についてはほとんど無自覚であり、社会に疎外された鬱屈に囚われるばかりであったことを思うとき、金サッカは根本的に違う立ち位置にいたと言っても、おかしくはない。少なくとも放哉や山頭火に比して、自分本位に考えなかったと言えるはずである。

「譬世」（ハッセ、ひせい）という詩がある。「富人困富貧困貧／飢飽雖殊困則均／貧富倶非吾所願／願為不富不貧人」（富人は富に困〔くる〕しみ、貧しきは貧しさに困しみ／飢と飽と殊なりと雖も、困しみは均〔ひと〕し／貧も富も倶〔とも〕にわが願うことに非ず／願わくは不富不貧の人たらんことを）と。金サッカが「経世済民」の志を失っていなかったことは確かなようである（前掲「諷刺と抒情」、『歴史と文学の諸相』）。その点、私が金サッカの詩を読んで驚くのは、人びとの歓びや悲しみをじつに素直に我がことのように捉えたことである。もとより、朝鮮の村落共同体の特質は、共同体内の関係が緻密で、相互扶助が実に精密にゆきわたっていることである。道すがら、赤子の誕生や婚礼、還暦の祝いに出くわすと、喜んで宴席に飛び込んで振る舞い酒を受けたという。宴席の座中はみな驚いて最初は怪しいインチキ詩人が飛び込んできたと怒るが、ひと呼吸おいて、おもむろに祝言を述べて、返礼として祝詞を書くと、大いに喜んだという。こうしたことが重なって口コミで周辺に伝わっていき、人生後半になると、ニセ金サッカが全国に出没するまでになったという。

そうしたなか、朝鮮王朝時代には何人もの放浪詩人がおり、その足跡が今日まで伝えられているが、金サッカは、とくに人生の悲しみを表現した挽歌の作品が少なくないことで知られている。旅の途中、見知らぬ家であっても、人の死に出会えば立ち寄り、おろおろする家族と悲しみをともにし、ときには葬式の手伝いもし、請われるままに挽詩（輓詩）や祭文を書いてやったと伝えられている。挽歌は本来、人間のもっとも深い悲しみを表すものであり、鬼神をも泣かせる響きをもつものである。それだけ金サッカは人生の無常を乞食行脚を通じて自ら体に刻み込ませていったのだと思われる。「帰何処　帰何処／三生瑟　五采衣／都棄了　帰何処／……／何時来　何時来／千畳山万重水／此一去　何時来」（どこに行ったのか　どこに行ったのか／いとしい妻や　可愛い子供たちを／みんな棄てて　どこに行ったのか／……／いつ帰ってくるのか　いつ帰ってくるのか／険しい山や　深い谷をわたって／いまひとたび去れば　いつ帰ってくるのか）（前掲『放浪の天才詩人　金笠』）。

六　死を生きる——挽歌

放哉や山頭火は「死を生きる」とは言ったけれども、それはどこまでも自分の死、せいぜいのところ句友の死のことであり、他人一般の死は入ってこない。その点、朝鮮の金サッカは明らかに違う。単なる追悼詩ではなく、遺族の身になって書いてもいる。漢詩に造詣の深い河政承《ハジョンスン》が「金サッカの挽詩類作品に表れた死の形象化と美的特質」という文章を書いている（『漢文古典研究』二九〔1〕、韓国漢文古典学会、二〇一四年）。民衆を詠った詩の中で、挽詩はもっとも美しいものとしてある。挽詩は日本語的に表現すれば「追悼詩」ということになろうが、朝鮮には「悼朋詩」「悼亡詩」「哭子詩」など、一般的な範疇に入りにくい詩もある。金サッカの場合、現存している約二五〇首の詩のうち、六首が挽詩だと言えるが、名もない民衆の死を哀悼したという意味で、支配層に属する士大夫の文人が書いた挽詩とは違う趣きをもつ。まさしく金サッカの挽詩は、彼自身の人生行路と深く関わるもので、金サッカの詩全体の中でも、一番レベルの高い部類に属すると言ってもよい。

私が読んだ中で、金サッカの挽詩でいちばん好きなのは「喪配自輓」である。「妻の死に捧げる詩」と訳せばいいのか。「遇何晩也別何催／未卜其欣只卜哀／祭酒惟余醮日醸／襲衣仍用嫁時裁／……」(前掲『金笠詩選』)。あまりに気に入ったので、自分で改訳してみた。「出会いが遅かったのに、離別はなぜこんなに早いのか／いまだ悦びを味わっていないのに、哀しみだけを知ってしまった／供えた祭酒は婚礼の日に仕込んだ余りもので／死に装束は嫁に来たときに作ったものをそのまま使った／……」。この詩は、他所から来た人による哀悼ではなく、妻を失った夫の身になって弔ったものである。

金サッカに関する文献や資料は少なく、金サッカについて書いた文章を手にするのは難しい。いま書いているこの文章にも援用部分がやや多い気がするが、やむを得ない。しかし、それでも、金サッカの欠点や物足りないところをあれこれと言うのではなく、これだけの特質をもつ放浪詩人であったことを指摘するだけで意味はあると思う。私自身、人の死を真実、考えたことがあるのかどうか、まったく心許ない限りである。

放哉、山頭火、金サッカと並べてみれば、民族と歴史、文化、社会的背景が違うので当然ではあるが、人間観、社会観、自然観などにおのずから相異がある。しかしまた、純粋さや自由さ、あるいは悪い側面で言えば身勝手さといったものなど、共通する部分も少なくないようである。どちらかというと、金サッカの場合には、世の中における階級差別・身分差別・経済格差の問題に鋭く、人びとの生活のありように敏感で、悲憤慷慨の感情をより強くもったように思える。それでも金サッカは放哉や山頭火と同じく、酒を人生の友とし、囲碁も好んだ。世に名高い「平壌妓生」など歌舞音曲に優れた妓生に興味を示すなど、男女間の想いを詠った恋歌には、よく妓生や寡婦が登場する。家族・肉親への情愛といったものも放哉、山頭火と同じく、金サッカは同じようなものをもっていたのではないかと推察される。家を出た金サッカは、長男に死なれたが、成長した次男が父親の噂を聞いて訪ねてきたとき、口実を設けて逃げ隠れてしまうが、さすがに置き去りにしてきた妻の消息は時々気になっていたとみられる。実際に、金サッカは、旅先から妻の実家にいくたびか訪れ、近隣で妻の安否だけをそっと聞いては、会わずに立ち去ったともいう。

権威を嫌い、酒色を愛し、民衆の心を詠いながら路傍に果てた旅人・金サッカは、やはり放哉や山頭火とは違った印象を与える。松尾芭蕉や小林一茶と較べても、やはり金サッカなりの特質はまた違ってあるはずである。

ただ金サッカの経歴や放浪の実態を記したものが少ないため、金サッカの孤独や寂しさ、生きる苦しみがどんなものであったかは、事細かに知ることは難しい。金サッカの作品の根底にある人生の悲しみがいかばかりのものであったか、晩年に自らの生涯を回顧して書いたという「蘭皐平生詩」（蘭皐生涯のうた）を見てみよう。蘭皐（ナンチョ、らんこう）とは、金サッカの号である。「鳥巣獣穴皆有居／顧我平生独自傷／……／尤人不可怨天難／歳暮悲懐余寸腸／……／歳去偏傷鬢髪蒼／帰兮亦難佇亦難／幾日彷徨中路傍」（鳥には巣、獣には穴、みんな住居がある／私は自分の一生を振り返って独り感傷に浸っている／……／人を咎めることはよくないし、天を怨んでもならない／だが、年老いて悲しい思いが腹わたに沁みる／……／歳月は流れ、髪の毛が白くなっていくのがひとえに悲しい／帰るのも難しく、さりとて留まるのも難しいので／どれほどの日を路傍にてさすらっていることか）（前掲『放浪の天才詩人　金笠』）。ここには金サッカなりの「死を生きる」ことへの想いがあったように思える。

放哉は「肉がやせてくる太い骨である」と、最期が近いことを自覚して書きとめ、また山頭火は「いつまで死ねないからだの爪をきる」と、余命いくばくもない寂寞を詠った（前掲『放哉と山頭火』）。放哉、山頭火、金サッカ、ともに「漂泊を生きる」人生であったと言ってよいはずである。今の世には、人はどんな「死に方」をするのがよいのか、まるで死を選べるような雰囲気があるようである。しかし現実には人は死に方を選べるわけではない。生きて、そして死ぬだけである、と言っていいはずである。

Ⅲ　四苦八苦をどう乗り超えるか

「四苦八苦をどう乗り超えるか」というこの文章は在日総合誌『抗路』の第5号（抗路舎、二〇一八年七月）に「なぜ韓龍雲なのか」と題して書いた文章である。韓龍雲《ハンヨンウン》は日本の植民地時代の最末期まで生きた僧侶であるが、別に韓龍雲のことについて事細かに書こうと思ったわけではない。ちょうど、どう生きていけばいいのか、何をどのようにすればいいのかと、いろいろ迷っていた時期で、とりあえず人生の先達で、朝鮮の近代思想史において大きな足跡を残した韓龍雲に何かとっかかりを見つけたいと思って、韓龍雲のことから勉強してみたのである。

韓龍雲は一八七九年生まれ、一九四四年六月に死去。朝鮮王朝末期から大韓帝国、そして植民地期に、詩人、僧侶、独立運動家、急進的改革家、として名が知られている。号は萬海（卍海、マンヘ）。論著に『朝鮮仏教維新論』『仏教大典』、詩集に『ニムの沈黙』がある。韓国語の著作集に『韓龍雲全集　全六巻』がある。

韓龍雲は忠清南道で生まれ、封建支配層に反対する東学農民戦争や日本の侵略に抵抗する義兵運動を見ながら育つ。やがて江原道・雪嶽山（ソラクサン）の山寺、百潭寺（ペクダムサ）に入り、ついで出家する。朝鮮仏教界の改革に取り組み始め、「朝鮮仏教維新論」を書く。一九一九年の「三・一独立運動」では、「民族代表三三人」の一員として仏教界を代表して参加する。そのために投獄されるが、一九二一年一二月に釈放されたあとは、数々の民族運動に参加し、また青年仏教徒たちが作った抗日運動団体「卍党」の党首として活動する。詩集『ニムの沈黙』（一九二六年）は韓龍雲の代表作で、「ニム」とは「あなた」とか「愛しい人」の意であり、それは様々に解釈されるが、祖国と民族を意味するものと見られている。朝鮮の伝統を受け継ぎながら、西洋の近代美学を融合して、朝鮮近代文学の地平を開いた文学作品であると評価されている。日本語では安宇植《アンウシク》の訳詩集『ニムの沈黙』（講談社、一九九九年）があるが、韓龍雲の思想全体について書かれた本は今のところない。

なぜ韓龍雲なのか。なぜ韓龍雲について関心をもったのか。韓龍雲は激動する朝鮮近代を生き、果敢に抵抗活動を展開するが、待ち焦がれていた「ニム」、つまり祖国の独立を見ることができないままこの世を去った。その後の「解放」、南北分断、朝鮮戦争、そして今日までの朝鮮半島の緊張・対立の悲劇を知らずに逝ったのは、もしかすると「幸運」であったのかも知れない。ただ、在日朝鮮人二世の一人である私にとっては、いまなお、近代の課題である統一した独立国家の成立を見ることが悲願のままにある。しかし現実の社会のありようは南北朝鮮、日本、そして「在日」ともに大きく変わっており、私自身、歳をとるとともに、考え方も微妙に変化しつつあるようで、そうした経緯を整理してみたくなった。

一　高齢化という時代の波

私は二〇一五年九月から十一月にかけて、『「在日」の精神史』全3巻を岩波書店から刊行した。翌年八月にソウルのハンギョレ出版社からその韓国語訳を一冊本で出した。昔風に言えば、古稀を超えてからの仕事の完了であり、実際に私は、生涯最後の仕事だと思って、自分の自叙伝を含める形で、植民地時代から現在に至るまでの在日朝鮮人の歴史と思想、生活、その他、精神史を書き上げた。それなりに私の仕事は終わったはずだったが、しかし現実には、視力の衰えや疲れやすくなったとはいえ、気力、体力はなお十分である。今の世の中は、平均寿命が飛躍的に延び、ひと山越えても、あと、ふた山も、三山も越えなければならない時代に入っている。医学の進歩という意味では歓迎すべきことなのかも知れないが、実際に高齢化時代を生きる者にとっては、たいへんな時代を迎えたことになる。

『「在日」の精神史』を書く仕事はいま思い出しても辛かった。六、七年の間、勤め先の大学や世間の中で孤立しているような気持ちがずっと続き、家庭的にも少なからぬ問題を抱えていた。実際、本を出したあと、今まで思いもしなかったいろいろな局面に遭遇し、自分の人生をあらためて問い直さなければならなくなった。歳をとってまさかこんなにのたうち廻ろうとは夢にも思わなかったが、それは私が六五歳のとき、妻が肺がんで亡くなったことから始まったと言ってよい。喪失の哀しみの中で、必死の思いで六カ月後、詩集『冬の森』（影書房、二〇〇九年）を出した。しかしその後は、忸怩たる思いの連続で、まさに出口のない暗やみの中を彷徨するかのようであった。『「在日」の精神史』の出版は勤務先の大学を定年退職した年のことであったが、その二年前に東京から生まれ「故郷」の京都に引っ越しし、生活上のネットワークがうまく築けないでいたことも響いた。

韓国に尹海東《ユンヘドン》という歴史学者がいる。植民地朝鮮と帝国日本のもつれを考え、親日か反日かの閉鎖回路からの脱出をはかり、植民地収奪論／近代化論の対立を乗り超え、東アジアにおけるトランスナショナル・ヒストリーの可能性をさぐろうという「韓国歴史学界の異端児」である。怪物としての民族主義を乗り超えるべく、日本の朝鮮植民地化もいろんな側面から考えなければいけない、まっ黒だったとのみ見るのではなく、グレーゾーン、ある意味で評価すべきこともあったのでは、という考え方をするようである。それはそれで、殊更に拒絶すべき考え方ではなく、そう考えることも必要ではないかと思ってもおかしくはない。

その彼が私が出した『「在日」の精神史』の書評を書いている（『日本歴史研究』第四六輯、日本史学会〔ソウル〕、二〇一七年一二月）。尹健次《ユンコォンチャ》は民族主義を説くが、三つの国家のはざまで生きる「在日」は暗さを背負っているようで、それは「在日」という存在がもっている運命論的ディレンマと重なっているように見える。その暗さは「在日」あるいは尹健次の「憂鬱さ」につながるのであろうが、その実体は「民族主義」というよりは「民族主義の罠」ではないのか。尹健次はいまなお民族主義が必要だというが、それは統一が切実な課題であり、そのことが「在日を生きる」ことになるのだと思っているからだ、と。尹海東は、そうした憂鬱さとか挫折感を乗り超えるためには「脱植民地主義」の認識をもつことが必要であり、日本という、あるいは分断という特殊な地平を乗り超えて、もう少し脱植民地化への道、つまりもう少し「普遍的な立場」に向かってはどうか、そうなって欲しい、という。時代が違い、世代が違うとはいえ、こうした指摘を受けて私自身はとまどってしまうが、「民族主義」なるものと「民族」の自覚、ないしは「民族的主体性」あるいは「民族的自覚」が同じものであるのかどうか、いまいちど、考えてみたいとは思っている。

それはそれとして、よたよたと歩くような感じで、私は取りあえずはいろんなことを試みてみたが、いま現在は、仲間を募って「在日」の雑誌としては約二〇年ぶりの創刊になる在日総合誌『抗路』の刊行継続、そして大学の演習室を借りて月一回文学の研究会を開くのが大きな仕事である。ハーモニカがほんのわずか吹け、畑で野菜作りも少しする。ただ若いころからの習性というか、やはり本を読む、文章を書くことは手放せず、何とか居場所を確保して、本を読み、その感想を少しずつ短い文章に書き溜めている。中高時代、京都・西陣の零細家内工場でずっと働き、また東京での大学院時代は毎日アルバイトしながら暮らしたので、本当は、どこかの作業場などで手仕事をすることができれば気が晴れるのだが。

私はこれまでそれなりに文章を書いてきたが、それは言わば「在日」としてどう生きていけばいいのかを探究するためだった。「思想」とは何かと問われれば、それはどう生きていけばいいのかを考え、実践することだと思ってきた。実際にはそんなに格好良く言えることではなかったが、ともあれ最後の本を出したあとは、それまでの考え方をいったんリセットし、最初からやり直してみたいと思った。本を読むのも、これまでの枠組みに囚われることなく、ゆっくりと、慌てずに、よく言えば興味のわくものを次々に読んでみようと思った。書斎に積んだままの本や新聞などで知った本など、題材には事欠かなかった。ただ読み、そしてメモとして要点をまとめておくだけ。それが今こうして、なぜこの文章に繋がっているのかであるが、私としては、最後の本を出したあとの自分の思考の経過を書き記しておくのも、ひとつ、意味あることになるかも知れないと思ってのことである。

人はそれぞれに思い悩んで生きるもの。一番大きな苦悩はやはり死への恐怖であり、日々の孤独感にいかに耐えるかといった人生観、苦しみの問題だと思う。別にいつか乗り超えられるという問題ではないだろうが、人がひとであるかぎり、やはり避けがたいものである。もちろん、それ以前に、食べること、生活費の問題がある。「老後破産」の言葉がときに目に入りもするが、高齢化時代の危機を表すものであろう。本を出版したあと、無性に知らなかったことを知りたくなり、あれこれと右往左往する思いだった。とにかくこれまでの「在日」ということから離れ、取りあえずは、西洋の古典の本を読み、ついで北朝鮮の核・ミサイルと関連した本、そして定年後の生活の実相や介護、絶望や自死といったものの思想上の問題と、そこにおける孤独の問題など、あれこれと読んでいった。

二　古典を読む

そうしたなかで、まず読んだのは、ローマ帝国の皇帝であったマルクス・アウレーリウスの『自省録』（神谷美恵子訳）であった。創刊九〇年を迎えた岩波文庫にちなむ読者アンケートでは、福沢諭吉の『福翁自伝』について、多く取り上げられた本である。自分はこんな著名な本もまだ読んでいないのかと、がっかりしながら読み進めていった。人間存在の原理というか、根幹のようなものを教えてくれる内容であった。生きるというのは難しいものだと、あらためて思いもした。私は七〇歳になったとき、店で買い物をするときのアンケートや何か入会するときの書類には、きちんと七〇歳と年齢を書き込んだこともあるが、ごまかして六八歳とか、六九歳と書いたことを覚えている。七一歳になったときは、いつも七〇歳とわざと書いていた。七〇歳代に入ったことを認めたくなかったのだろう。自分はまだまだ若いと思っていたのかも知れない。ただそんなこだわりも七一歳を越してからはなくなり、いまは正直に実年齢を書くようになっている。七〇歳代を生きていることを少しは認め、納得し、あるいは納得しなくてはと、思ったのかも知れない。ちょうど時期的には北朝鮮が核・ミサイル実験を繰り返し、朝鮮半島の情勢が厳しくなっていった頃である。

何を読もうかなと、久しぶりに書棚の本をいじくっていると、古びた岩波文庫のキェルケゴール著『死に至る病』（斎藤信治訳）を見つけた。奥付を見ると昭和一四年十一月第一刷発行、昭和四〇年九月第三二刷発行となっている。びっくりしたのは色あせたページのあちこちに鉛筆で線が入っていたことである。数十箇所はあると思うが、そこになんと所々、日付が書き込まれていた。そして一番最後の日付は「S41・10・30」(1966.10.30.)となっていた。大学三年生の秋学期に、ほぼ九カ月かかって読了したことになるが、これは私にとっては、精神の形成史に関わる重大な痕跡である。本の第一編の最初には「死に至る病とは絶望のことである」と印刷されており、この本を読んだ期間、私が絶望とか、死とかに関わる大きな悩みを抱えていたことがわかる。そのときから五十数年の時間が経過しているが、こうしてもう一度ページをめくり、読み直すのは実に半世紀ぶりのことであった。

　私の大学生時代のことは、『「在日」の精神史』第2巻に素描している。大学二年生のときに細々とした家業が倒産し、大学の学生寮にもぐり込んで毎日アルバイトに明け暮れる。ひとり暮らしのせいか、みるみるうちに痩せていき、精神的にも孤立していく一方であった。小松川女子高生殺人事件で処刑された李珍宇《イジヌ》と「姉」・朴寿南《パクスナム》との往復書簡『罪と死と愛と』(三一新書、一九六三年)や、ナチ・ドイツ占領下で地下活動をしたフランスのC・モルガン著『人間のしるし』(石川湧訳、岩波現代叢書、一九五二年)などを読んだ記憶はあるが、キェルケゴールの『死に至る病』を読んだことは忘れていた。そうしたなかで私は、大学二年生のいつ頃からか、キリスト教に救いを求め、京都市内のいくつかのプロテスタント教会を訪ねたが、しかし日本人牧師は私の話を黙って聞くだけで、何も応えてはくれなかった。そのうちに北区衣笠にあるカトリック教会に出入りし始めたが、そこでは人種のるつぼ・アメリカから来た神父二人がよく話を聞いてくれ、ついにはカトリックの洗礼を受けることになる。その過程で、カトリック詩人・八木重吉の詩に触れて感動し、詩集めいたものを一冊、一六部だけ、ガリ版刷りで出した。一九六六年五月のことであるが、その詩集『旅路』の副題は「生きるとは悲しみに耐えること」であった。当時の心境を表したものであろうが、しかし、やはりキリスト教では私の悩みは解決されなかったというか、やがて教会を離れていく。「絶望名人」のフランツ・カフカが「悲しみは最悪のことではない」と言ったと、どこかで読んだことがあるが、実際、三年生の終わり頃になって、在日同胞の学生団体である留学同（在日本朝鮮留学生同盟）と接触し、民族の問題に目が開かれていく。

『死に至る病』は生と死を論じた名著であり、絶望が全体を通じて病として理解されている。「死に至る病とは絶望のことである」と論じながら、絶望は死ぬことを意味しない、ましてや自殺することではない、との論に立っている。私は一時的にしろ、信仰への道を歩んだことになるが、神が何か、罪が何か、信仰とは何か、今のいままでまだよくわからないままである。キェルケゴールの本は、教会に通いながらも自分の懐疑を見定めようとして、読んだのではないかと思う。ただそれにしても、私が詩集『旅路』の副題に書いた「悲しみ」とは何か。それは絶望といったものにまでは至らなくても、自分の内面の矛盾や葛藤、どうにもならない精神の世界を表現しようとしたものであることは間違いない。しかも教会に満足できず、ついで北の主体思想に共感を示し、その結果、大学院進学を契機にはっきりした自覚もないままに「南朝鮮」革命の地下組織に引きずり込まれ、数年後にはそこから放り出され、あるいははみ出して、ひとりでのたうち廻っていった人生。人並みに家庭をもったあと、一〇年間必死にあがいて学位をとり、私立大学で教鞭をとるようになった。その間の時間の流れは、いま思い出してもやはり鬱屈したもので、素直に人びとと交わり、生を謳歌するものではなかった。多分、孤独感、鬱屈感、挫折感に支配され、人に自分のことを知られたくない、そっとしておいて欲しいと思っていたはずである。

人生の根底で悲しみに耐えていたのかも知れないが、その根本は、敗北の自覚の欠如であったと、言わざるを得ないのかも知れない。それは竹内好の言葉を借りるなら、主体性の欠如、ドレイ根性の持続ではなかったかということになる。つぎつぎと論文を書き、本を出してきたことの真の意味は何だったのか。そう考えると、私がこれまで繰り返し強調してきた「在日を生きる」ということも、裏を返せば「悲しみに耐えること」と同義であり、それ自体、抵抗の持続ではあっても、敗北感の持続ではなかったのかと思うようにもなる。大学教師という衣で、格好を付けてきただけかも。ショウペンハウエルの『自殺について』(斎藤信治訳、岩波文庫)も読んでみたが、キェルケゴールに輪をかけたように難しく、何を言いたいのかよくわからないままであった。ショウペンハウエルは、人間は絶えず死を眼前に見ている、と言っている。しかも自殺することを否認してはいない。と同時に、積極的に容認しているわけでもなさそうであった。私は、キェルケゴールが、絶望は死ぬことを意味しない、ましてや自殺することではない、というのには同意しがたかった。そうした絶望に耐えろというのは、実際には自殺より過酷だと思うしかない。と同時に、キリスト教の言うように、私自身が生まれながらにして原罪を背負っており、自殺するなどはもってのほか、という教義にも納得できない。私の意志とは関わりなく産み落とされた身にとって、原罪とかダラクの意味がわからず、救いを求めて神の恩寵を得よという信仰が何かわからず、自分の運命を自分で決めてはならない、という理屈がわからなかった。

三　トルストイの『懺悔』

ここで、はたして「信仰」とは何か、について私なりに考えてみたい。じつは、先日、キェルケゴール著『死に至る病』を読んだあと、少し時間が経ってから書棚に同じく古びた岩波文庫があるのを発見した。手にとってみるとトルストイ著『懺悔』（原久一郎訳）だった。奥付を見ると、昭和一〇年六月第一刷発行で、書斎にあったのは昭和三九年二月第二八刷であった。本の末尾に私のメモ書きがあった。「昭和40年12月3日(金)。明日4日は21歳の誕生日、こうした時にこの本を読んだのは意義深いことであろう。「信仰とは何か」――これはまだまだ問い続けねばならぬ課題である」と。本の随所に線が引かれ、所々に感想めいた走り書きがある。カトリックの教理を学んでいた大学二年生のことであろう。たぶん信仰とは何かを必死に考え、神の道を究めたいと思っていたのだろう。書棚には岩波文庫のロマン・ロラン著『トルストイの生涯』もあった。

トルストイ（一八二八－一九一〇年）と言えば帝政ロシアの小説家・思想家で、ロシア文学、否、世界文学の大家である。岩波文庫『懺悔』の帯には、「世界の教師トルストイが、人生の危機において直面した内的苦悩と信仰告白とを赤裸々にさらけだした古今の最も代表的な告白文学」、とある。トルストイの代表作には『戦争と平和』（一八六五―六九年）や『アンナ・カレーニナ』（一八七三―七七年）などがあるが、『懺悔』はその後、五〇歳のころ（一八七九―八二年）に書かれた一大回心の記録である。貴族の生まれで裕福で、若くして文学者として名声を得た自らの人生の意義について烈しい懐疑にとらわれ、それまでの生活態度・著作活動・価値観などの一切を否定し、精神的な大転換、すなわち新しい信仰、真の信仰に目覚めてゆく。『懺悔』は、生と死を真正面から捉え、考え続け、苦悩する自己の姿を赤裸々にさらけ出した真摯な魂の記録であり、告白録である。しかもそれは、人生の到達点ではなく、なおも苦痛に満ちた新しい模索へと向かう出発点となった。

私は『戦争と平和』や『アンナ・カレーニナ』は本として手にとったことはあるが、読んだことはない。同じロシア文学のツルゲーネフの『父と子』はもっていて、一、二度読み始めたが、結局読めなかった。どうも小説、とくにロシア文学の長編ものは苦手なようである。そんな中で『懺悔』を読み、メモ書きまでしていたのはやはり私の青春において特筆すべきことだったと思う。信仰とは何かを追い求め、そしてあっけなく挫折した私にとって、いま現在の時点で、『懺悔』はどんな意味をもつものとして振り返ることができるのだろうか。『懺悔』の冒頭で、トルストイは、自分が生まれてまもなくギリシャ正教の信仰にもとづいて洗礼を施され、その信仰によって育てられたと書いている。しかし実際にはいまだかつてまじめな信仰をもったことはなく、むしろ惰性で信仰の生活を装っていただけであると告白している。人が信仰をしているか、いないかを知ることは絶対的にはできないものである、と。

豊かな自然に恵まれた土地で、由緒ある貴族の家庭に生まれたトルストイは、しかし、内面奥深くに孤独を抱えていたようである。二歳で母、九歳で父を亡くし、祖母、ついで叔母に引き取られるが、死そして人生について懐疑がつのっていく。それでも功名心、権勢欲、物欲、愛欲、慢心、憤怒、復讐心に引きずられて、それらの情熱に身をまかせ、大人臭い人間になっていったと回顧する。そうした反面、トルストイは『懺悔』で、若かりしころ、「私は一人ぼっちだった。徹頭徹尾孤独だった」と述懐する。三四歳のとき一八歳の宮廷医の娘・ソフィアと結婚し、幸福の絶頂を感じさせる家庭生活をおくる。四五歳で着手した『アンナ・カレーニナ』の連載は読者に好評を博し、いっそう世間から注目される。しかしやがて、トルストイは九男三女の子どものうち、四男、五男、三女を相次いで亡くし、二人の叔母も亡くし、人生への懐疑を心の中で深めていく。人の死は取り返しのつかぬ不幸がこの世に存在することを実感させるとともに、荘厳な神秘感をも予感させることにもなり、人生の矛盾を解決することがいかに困難であるかを自覚させられていくようになる。そしてトルストイは、たびたび自殺する衝動にかられながらも、自らが弱き者であることを知り、また人生が悪であり、無意味であることを悟りながら、死によって滅せられない悠久の意義が自分の生活にはあるのだろうか、と自問を続けていくことになる。

「われわれの智慧は、どんなに疑うべからざるものであっても、なおかつわれわれに、われわれの生活の意義に関する知識を与えてくれない。そして営々と生活をいとなんでいる全人類は、幾百幾千万の人びとは、人生の意義に疑いをさしはさまないのである。……私は、私のこの生活には、時間と空間と因果律とに支配されたいかなる意義があるのか？という問題にも、答えようとするのであった。……そしてとうとう、長い苦しい思索の後で、いかなる意義も存在しない！と答えるような結果を見たのである」と。その間、トルストイは、仏教、マホメット教、ユダヤ教などを学び、また領地内の農奴の生活改善に尽くし、学校を設立して教育に献身し、また上層階級や教会権力のあり方とも少なからず闘った。晩年の作品『復活』（一八九九年）は堕落した上層階級・政府・教会などへの痛烈な批判の書となっている。やがてトルストイは、大衆の生活を観察することによって「純朴な信仰」が彼らに生の意義を与えていることを発見する。生活と信仰の一致。民衆の生活と信仰の中には、トルストイが恐れてきた苦悩と死はなかった。こうしてトルストイは自己の迷いの本質をさとり、信条にもとづいて、コーカサスの大地の自然の中で簡素な生活をおくり、農作業にも従事するようになる。絶望のどん底から救われていったと言うべきか。『懺悔』に克明に記されているように、トルストイはきわめて苦しい道のりをたどりながらも、信仰あるいは神へと回帰していこうとしたのである。それが偽善的な信仰と対決しながらの、新しい道のりであった。ただし、だからといって、トルストイが信仰の道に、救われたというわけにはいかないだろう。「トルストイ運動」とも称せられるその生き方は周囲との摩擦を増大させ、そして最後には家族と対立していくようになる。一八八四年に最初の家出を試み、最後は、一九一〇年、家を出て三日目に寒村の駅で下車したあと、駅長官舎にて肺炎により死去する。たび重なる家出は、トルストイの信仰への道、新しい道のりが決して平坦なものではなかったことを示す。

岩波文庫の『懺悔』に書き込まれた私のメモ書きの中には、「よくわからない」「これを理解するにはまだ私は未熟でありすぎる」と記した部分がある（昭和四〇年一二月三日筆）。トルストイは言う。「（人生の意義について）はじめて私は、この問題に対する解答を、理性の支配する知識に求めてはいけないことを理解した。理性の支配する知識が与える解答は、この問題をもっと違った仕方で提出した場合に、すなわち、無限に対する有限の関係いかんという問題が考察の中に取り入れられた場合に、はじめて真の解答が得られるものであるということを、教え示しているにすぎない――こういう事実を私ははじめて理解した。……信仰の中にあるいろいろの不合理な点は、これまでと同様に私の前に残されてあったけれども、しかし私はそれのみが、信仰のみが、人類に、生存の疑問に対する解答を与え、その結果さらに、生存の可能性を与えるものであるという事実を、認識せずにはいられなかった」と。ここで、トルストイの言う信仰ないし神が何を指すのかは定かではないにしても、信仰そして神を全面的に否定していないことは確かであり、そこから求道＝新しい道は始まっている。ただキリスト教では神と信仰者の関係がまず重視されるはずであろうが、トルストイは、隣人や他者、人類との関係により大きな比重を置いているようにも感じる。

五十数年ぶりに再び読んだ『懺悔』であるが、「人生の意義を、理性の支配する知識に求めてはいけない」ということはわかる。知識、理性で人生がわかるはずはないと、確かにいまの私は思っている。私の『懺悔』へのメモ書きの中には、「知識としての理性の働きは無意味なのか？」とあるが、いま思うと、ああ、私はまだ若かったのだな、と思いもする。しかし、だからといって、いま私が、トルストイの言う信仰や神を理解できるわけではない。トルストイは「神を認識すると同時に、私は生き甲斐のある生活を得る。神を忘れ、神に対する信仰を失うと同時に、私は自殺のほかに道のない、どんづまりの生活におちるのである。……神に対する、道徳的完成に対する、人生に意義を与えている伝説に対する、信仰に立ち返ったのである」と言うが、私はいま、それをほとんど理解できないでいる。神、道徳的完成、伝説、そしてそれらを包む「信仰」……。私は当時、家族が散り散りになってひとりぼっちで暮らし、日本の植民地支配の所産である「在日」という共同体があるのかも知らず、友人も、何もなかった。まさに寄る辺のない存在であったはずであるが、一時期教会に通ったとはいえ、そこで神と言われてもわかるはずはなかったし、信仰が何かわかるはずもなかった。言ってみれば、孤立、孤独、鬱屈、挫折の重圧に押しひしがれていた青春の一時期、神に対座し、その歓びを感得する空間というか、位置というか、立場にはいなかった。

ただ今も忘れられない思い出を書き留めておくと、私の生涯で一度だけ、信仰とは何か、を実感することがあった。実感したというよりは、実感したと思いたくなることがあった、というのがより正確であろう。私のことを心配してくれた神父の紹介で「湖畔の聖母　カトリック大津教会」にしばらく滞在したことがあった。そこでも、ひとりで祈り、静かに過ごすだけの寂しい時間であったが、あるとき、たぶん長くてもせいぜい三〇秒くらいであったろう、ひとりの素敵な、綺麗な、たぶん二〇歳代であったはずのシスター（修道女）を見かけて、その眼のすがすがしさ、輝きに、瞬間的に釘付けになった。教区と修道会そして金髪だったことを思うと、たぶんアメリカ人女性だったろうが、神を信仰していればこんなにもはつらつと、やさしく、穏やかに、人生のすべてを投げ打って、満面の笑みを浮かべて振る舞うことができるのかと驚愕したのである。たぶん小さな子どもに話しかけていたのだと思うが、こんな素晴らしい人がはるばる海を越えてきて、この小さな街で神に全身全霊を捧げているとは、いったいどういうことなのかと理解しがたかったのであろう。

四　ハンナ・アーレント「孤独と寂しさは違う」

日本社会では、近年とみに「高齢化」とか「老後」の問題が大きな関心事になっている。私自身は「老人」とか「老後」「余生」といった言葉は好きではないが、考えてみれば、「在日」にとっても、その問題が大きくあるはずであり、むしろ歴史的・制度的・社会的にみれば、日本社会一般よりは「在日」のそれのほうがより大きな矛盾や葛藤としてあるのではないかと思う。実際、「在日」の高齢者の人生はかなり難しいものだと実感し始めている。ともあれ、最初、朝日新聞で知った五木寛之『孤独のすすめ――人生後半の生き方』（中公新書ラクレ、二〇一七年）と楠木新『定年後――50歳からの生き方、終わり方』（中公新書、二〇一七年）を読んでみた。書名だけを見ても、何だか憂鬱というか、しんみりするものであるが、高齢者が増えるにつれ、こうした本の需要が高まっていることは確かなようである。ただ作家の五木寛之が、「高齢になっても、自分たちが弱者であるという意識を捨て、自立しなければなりません」と言っているのに反発したくなる思いだった。私は、高齢者の悩み、苦しみ、不安の根本はやはり人間存在の有限性、死に対する恐怖であり、現在ではそこに、いつ死ねるのかわからない、長生きする不安が重なっているのではないかと思っている。

そんな中で、二〇一八年一月一日の朝日新聞の「ひとりカラオケ　自分自身との対話」という記事の中で、おやっと思う文章を見つけた。平成のライフスタイルの変化を追いかける内容であるが、そこにハンナ・アーレントの言葉が哲学者の國分功一郎によって紹介されていた。「アーレントは『孤独と寂しさは違う』と言っています。孤独とは、私が自分自身と一緒にいること。自分と一緒にいられない人が寂しさを感じ、一緒にいてくれる他者を求める。だから、自己と対話できない。孤独にならなければ、人はものを考えられない。孤独こそ、現代社会で失われているものです」と。びっくりした。孤独と寂しさは別の意味だと初めて知った。いつも、孤独や寂しさ、淋しさは……と、あまり疑いもなく、ほぼ並列して書いてきたはずである。まあ、もの書きとして、まさしく失格ということになる。アーレントの文章は『全体主義の起源』からの引用だというが、孤独にならなければ、人はものを考えられない、孤独こそ、現代社会で失われているもの、つまり孤独は肯定的なもので、寂しさは否定的なものということになろうか。実際には、たぶん、そう二分法的なものではないはずだが。日本にはよく知られているように、西行、一休、芭蕉、良寛、放哉、山頭火といった放浪詩人というか、漂泊詩人の人気が根強くある。私自身、孤独や寂しさなどについて思いをめぐらし始めたときから、放哉や山頭火のことが時に頭によぎり、いつか本を読んでみたいと思ってきた。二人とも放浪者で最期をお寺の小さな庵でほとんど「孤独死」の形で迎えることになるが、自由律俳句のもっとも著名な俳人である。朝鮮で言えば、朝鮮時代後期の金サッカ（金笠）が代表的な放浪詩人ということになるのであろうが、少なくとも、放哉や山頭火にはそう共感できない感じであった（本書「II　漂泊を生きる」参照）。田舎や山奥などに漂泊するのはいいとしても、そこに社会とのつながり、人とのつながりが見出せなかったからではないかと思う。その点、落合恵子の『「孤独の力」を抱きしめて』（小学館、二〇一一年）を読んでみると、落合は、そもそも孤独とは解消すべきものではなく、自分自身を解放するためのものではないか、それが孤立を超えるための「孤独の力」ではないかと言う。所詮、孤独について、別に正答があるわけではないが、落合の言葉には何かほっとするものがあった。

　そういえば、茨木のり子の詩に「一人は賑やか」というのがある。

一人でいるのは　賑やかだ
賑やかな賑やかな森だよ
夢がぱちぱち　はぜてくる
……………

一人でいるのは賑やかだ
誓って負け惜しみなんかじゃない
一人でいるとき淋しいやつが
二人寄ったら　なお淋しい
おおぜい寄ったなら
だ　だ　だ　だっと　堕落だな

いまの私にはとても受け入れられない言葉であるが、孤独は独りぼっちではなく、馴れあうものでもなく、自分を囲い込んでしまうものでもないということだろう。身を潜める場所はこの地上のどこかではなく、まさに自らの魂の内だということであろうが、私などは、そこにこそ不安と焦りが渦巻いているのではないか。

　人が生きるかぎり孤独の問題はつきまとうが、そこに宗教的なもの、人間を超えたもの、宇宙の神秘に繋がるような何かが入ってくるのではないかと思う。私にとって、そうした孤独と宗教的なものを架橋してくれる、ひとつの感動的な文章があった。『朝日新聞』の「ひと」欄（二〇一八年二月二日）で、日本自殺予防学会理事長に就任した在日三世・張賢徳《ちょうよしのり》の話である。精神科医になったのは、親友の死に向きあわなければ自分が「壊れてしまう」と思ったからだった。ともに医師を目指していた親友から、国家試験が迫るにつれて、電話で訳のわからない話を繰り返し聞かされる。

居留守を使って着信を無視し続けた三日目の夜、親友は命を絶った。自責の念で一睡もできない日が続いたが、その後、人に安心感をもってもらい、生きる力を得るための手助けをするために精神科医の途を歩む。張自身、最初は弁護士を目指したが、国籍条項で阻まれた経験をもつ。「根無し草の寂しさ」を抱き、出自をめぐる嫌な思いもし、そのたびに傷ついてきた。日本自殺予防学会では医師、教育関係者だけでなく、宗教学者を役員に迎え、宗教と医学が連携した予防の形も模索したいと言う。「「人知を超えた存在を置けば、死を思いとどまる『一拍』を持ち続けられる」」。「悩み苦しむ全ての人に届く言葉は、宗教的な教えの中にあると考えている。医療技術がどんなに進んでも、医療の原点は変わらない。それは「手当て」」だと。

五　仏教、禅に学ぶ

「人知を超えた存在」とは必ずしも、絶対者や神を意味するのではないはずである。「四苦八苦」という言葉があるが、もともとは仏教語だという。「四苦」とは「生・老・病・死」の苦しみである。そこに「愛別離苦（愛する人との別れ）」、「怨憎会苦（怨み憎む者と会わねばならない苦）」、「求不得苦（求めても得られない苦）」、「五蘊盛苦（心身を構成する五つの要素による苦）」を合わせたものが四苦八苦である。この苦しみから逃れるのが仏教の教えだという。そんな深い意味を知っていたわけではないが、私は、この間、仏教、とくに禅に関する本を何冊か読んできた。その直接のきっかけは、もう何年もの間、自分の生き方にずいぶん悩んでいたとき、数十年来の元大学教師の友人が一枚の葉書をくれたことに始まる。二〇一五年一二月のことだったと覚えている。私のことを心配してくれたのであるが、そこには、唐代、八世紀の禅僧、馬祖道一《ばそどういつ》がこう言ったというのである。「世俗に染まると、俗臭に包まれるが、それを破るために彼は禅を積んだ。悟りを開くためという「洒落や酔狂」ではなく、自分の所在を失ってしまうところまでゆく。その境地（迷い）を回復することが彼には必要だったといいます。……渡世を重ねてわずかの業績をつめば、自分はまっすぐな大道を歩いたからと思いたくなる（「功なり名を遂げた」という愚）が、それは誤りで、いっかな不安は消えないし、迷いは深まる。ここです。ぼくの足場は。ある意味では、虚無をこそつかめというのが仏教の背骨だとぼくは考えているのです。一種の「破戒僧」、それが目当てです」と。私はその葉書を見て、ほんのりと小さな明かりが灯るような気持ちをもち、仏教について勉強してみようと思った。

もちろん私は、仏教の中味については何も知らず、ただ印象的な意味で仏教について感じていただけであった。友人の言葉が気になり、そのうちに何冊かの本を読んでみた。入谷義高『増補　求道と悦楽——中国の禅と詩』『増補　自己と超越——禅・人・ことば』（ともに岩波現代文庫、二〇一二年）、鈴木大拙『禅』（工藤澄子訳、ちくま文庫、一九八七年）、それに一休や良寛に関する本、などである。一冊一冊、心を込めて読んだつもりであるが、そうたやすくわかるわけがない。

仏教は、私の理解では、大きく二つの考え方があるようである。浄土思想は来世信仰であり、禅思想は自己探求、自己改革である。しかし禅でも来世信仰があるとされ、その線引きは不確かで、相互浸透的でもある。私自身は禅の教えに惹かれるが、鈴木大拙の『禅』には、次のような言葉がある。「禁欲の修行や道徳の修練では、人はけっして自己を越えることはできない」、「仏陀の〝悟り〟の体験にその究極の解決を求めなければならない」、「われわれが狂ったり、片輪になったりするのを救おうというのが禅の目的である」、「苦しめば苦しむほど、あなたの人格は深くなり、そして、人格の深まりとともに、あなたはより深く人生の秘密を読みとるようになる」、「禅は、自己の体験の事実に直接訴えてこれを解決しようとして、書物の知識にはよらない」、「禅は性格の改造を目指す修行であると考えられよう」、「禅を概念化してはならない。それはどこまでも体験的に把握すべきものである」など。そうしたなかで、私の心には「有限の中で、有限とともに生きる」という言葉が刻み込まれることになった。

そうこうするうちに、仏教、禅の入門書である佐々木閑著の『日々是修行——現代人のための仏教一〇〇話』（ちくま新書、二〇〇九年）に出会い、大いに励まされることになった。私にとって、その本は、仏教、禅の教理を説く本というよりは、人生訓、処世訓として受けとめられるものであった。実際、私がここ数年、追い求めてきたのは仏教の教理とか信仰といったものではなかったし、いま現在もそうである。端的に言うなら、どう生きていけばよいのかを知りたかったのである。そして学んだのは、日々の生き方、生活の仕方についてであった。仏教と言えば、大きなお寺や古ぼけた仏像、僧服の坊さん、お経、お布施、葬式、仏壇、墓地などといったことを思い浮かべるが、「仏教を信じる」というのは単に「仏の存在を信じる」のではなく、「釈迦の説いた道を信頼する」

ことであるという。釈迦という先達を信じ、その言葉に従って自己改良への道を歩んでいけば、必ず自分の生き方が変わる。仏教は、自分の生き方を変えたいと願う人のために生まれてきた宗教なのだ、と。そして仏教の本質は修行である。修行とは日々努力すること。それが人格を向上させる。修行をすれば必ず智慧（ちえ）が生まれ、それは自分の心を正しく把握し、それをより良い方向へと改良していくための精神力となる。現実には修行は瞑想でもあり、瞑想によって智慧を生みだし、それによって自己の心を改良していく、と。もっとも、私自身は、仏教の最終目標は「悟り」だと言われても、その中味をきちんと理解できるわけではない。たぶんそれは他者の痛みを理解し、すべてを受け入れ、多くの人と繋がっていってのことであろう。ともあれ、仏教、なかでも禅は、教理とか、教えといったものが大事なのではなく、生きることそれ自体、日々より良く生きようとすること、実践することが大事だという。キリスト教で罪悪視する自死についても、仏教は否定しないという。仏教、禅の本質は、四苦八苦の苦しみに真正面から向きあい、修行によって心を鍛え、自分自身を変えていくこと。そう学び取ったのであり、それはもしかしたら、別に仏教、禅の教えだと考えなくてもいいのでは、という気にもなってくる。まさに人生訓、処世訓で、日常生活の過ごし方、心の持ち方を説くものだと。

ただ何冊かの本を読み、頭の中で理解しようとしても、そう簡単にはいかない。読んだのはすべて日本語の本であった。これが生き方だ、反省だ、瞑想だ、精神の集中だ、禅だ、と言っても、それらは頭の中でグルグル廻るだけで、実体としての像は結びつかず、モヤモヤした気持ちが募るだけである。それでも、確かなことは、禅の「教え」では、絶対者とか神といったものは存在しないし、誰も救ってはくれないし、祈願することも無駄なことである。自分独りで突き詰めていくしかない、ということである。生きることは苦悩であり、その生の苦悩は厭わしいものだと捉えた。ニーチェは孤独と寂寞を語り、人生の実相は惨澹たるものであると、思索を重ねたというが、まさにそんな感じである（『ツァラトゥストラはこう言った』氷上英廣訳・解説、岩波文庫、(上)一九六七年、(下)一九七〇年、参照）。昔はどうだったかは別にして、いまの私は、宗教というのは人間が作りだしたものと思っている。「人知を超えた存在」というのは、科学的にはやはり批判されるべきではないのか。リチャード・ドーキンスは『神は妄想である――宗教との決別』（垂水雄二訳、早川書房、二〇〇七年）とか『さらば、神よ――科学こそが道を作る』（大田直子訳、早川書房、二〇二〇年）などで、人知を超えた何ものかによって自然界や人間が創造されたという説を痛烈に批判し、キリスト教の聖書に散りばめられた非論理的な記述を無批判に受け入れることの危険性を指摘している。トルストイの『懺悔』のところで述べた「純朴な信仰」も、その意味では、神の名のもとに非科学的な主張を信じ、信じ込まされてきた世界そして歴史を貫通してきた現象ということになるのではなかろうか。ただ、だからといって、私は、歴史のさまざまな局面で誕生した宗教そのものの存在を否定するわけにはいかないと思っている。宗教によっていろいろに表現されるだろうが、仏教でいう人生の四苦八苦は、この世に生まれたすべての人間の生のあり方、避けがたい現実である。

あれやこれやと考え、悩んでいくなか、そんなことで、私はやはり、実際にどこかに出かけて行って、具体的にできることを試みてみる以外にないと思うようになった。そこで出かけて行ったのはやはりお寺である。お寺以外に出かけるところはなかった。自分が感性的に距離感をもってきたお寺、それもいま暮らしている日本のお寺しかなかった。京都や神戸などで、いくつかのお寺を訪ねて坐禅をしてみた。どれも臨済宗の禅寺で、長い伝統と格式をもったお寺である。いずれも一、二回行っただけであるが、閑かな環境の中でそれなりに得たものはある。しかし本で人生訓、処世訓として学んだことが、実際のお寺ではどう感じたかが問題になる。本と実際の差異、空隙といったものをどう理解し、乗り超えていけるのか、ということにもなろうか。所詮は、私は、自分自身の道を歩み、自分独自の何かを捉えるか、捉えられないか、ということになるしかない。

六　生きていくための杖、動力を求めて

こう考えてきて、やはり一度は、日本、そして朝鮮の仏教史を勉強しなければと思い、松尾剛次著の『仏教入門』（岩波ジュニア新書、一九九九年）を読み、また金煐泰《キムヨンテ》著『韓国仏教史』（沖本克己監訳、中島志郎・法岳光徳訳、禅文化研究所、一九八五年、韓国語原本＝一九六八年）と金龍泰《キムヨンテ》著『韓国仏教史』（蓑輪顕量監訳、佐藤厚訳、春秋社、二〇一七年、英語原本＝二〇一四年）を読んでみた。一五〇〇年の歴史をもつ日本、朝鮮の仏教史を読むことによって、私は、仏教の歴史的重みを実感するとともに、その問題点や課題もおぼろげながらに知るようになった。日本と朝鮮の仏教には少なからぬ差異が

あるが、日本のそれは「葬式仏教」であるのに対し、朝鮮の仏教は葬式にはほとんど関わらないことも初めて知った。ただ、やはり、私の生き方、人生訓というか、処世訓、世界観というのか、そうした根本的な問題関心からするとき、仏教、禅の歴史や思想、その他のことがどんな意味をもつのかはこれからまた考えていくことになる。

そうしたなか、先日、京都のある大学に勤務する禅宗学の専門家に会った。研究者で、参禅もあまりしないが、ご自身はいちおうは仏教徒だとのこと。研究と信仰は違うという意が含まれているのかも知れないが、仏教はそれだけ普遍思想だということのようであった。その彼が曰く、仏教はその長い歴史の中であまりに多くの衣をかぶってきた。禅もしかりである。六、七世紀の中国の禅など、それ以前の教学の動きに対抗して出てきた禅はいったいどんなものだったのか。「初期禅」とか「原始禅」とでも言うのだろうか、本来の禅とは何かを探究したい、とのこと。仏教は道そのものではないが、杖にはなる、と。この言葉を聴いたとき、私の考え方、志向しているものとかなり似ているのではないかと思い、嬉しかった。そうか、仏教、禅を生きていくための〝普遍思想〟と考えればいいのかも。その間、私は日本の仏教、禅に対してある種の違和感をもってきたが、それは朝鮮の仏教でも同じであり、それは歴史の中でこびり付いてきた「衣」のためであって、それをぬぐい取っていく思考なり、実践をしていけばいいのではないか、と、思うようになってきた。

「在日」である私は、少なくとも日本と朝鮮の両方を学ばなくてはならない位置にある。そこで近代朝鮮の代表的な詩人であり、仏教人、独立運動家、改革家であった韓龍雲について勉強してみたいと思ったのである。韓龍雲は坐禅の重要性を説き、とくに日常の生活、自宅で坐禅することの必要を説いている。調べてみると、私はすでに韓龍雲に関する本を何冊かもっていた。書斎の片隅に、「一九七六年十一月二六日、東京・三中堂で購入」と書いてある『韓龍雲一代記』（任重彬《イムジュンビン》著、正音社、一九七四年）があった。三二歳のとき、たぶん学位論文の執筆を決意したあと、東京の韓国語書籍専門店であれこれと本を買い集めたときに韓龍雲に関心をもち、買ったものと思われる。それ以外にも評伝一冊、その他、韓龍雲関係の論文を収録した本を数冊見つけたが、やはり若いときから韓龍雲に興味を抱いていたことがわかる。巡りめぐって四十数年も経ったいま、あらためて韓龍雲に注目し、勉強しなくてはと思い立ったのだから、人生とは不思議なものである。もっとも私は韓龍雲の人物研究をしても、それで本を書こうとか、何かまとめようと思っているわけではない。目的とか、生きがいにするつもりもない。ただ生きていくこと、それが大切。韓龍雲がどう生きたのかを参考にしながら、自分自身が日々、どんな生を営んでいけるのかを心掛けていくだけである。うまくいくかどうかは、わからない。しかし取りあえずは、今はそこから始めるのがいいのではないかと思う。生きていくための杖、つまり動力を見つけ出せれば……。

Ⅳ

「老い」をどう生きるか

――「仏教アナキズム」という考え方

「「老い」をどう生きるか」というのは私のいま最大の、毎日考えざるを得ない日常的な課題である。いまさら何をと気恥ずかしい思いはする。しかしこれまであれこれと文章を書いてきた私にとっては、やはり書いておきたい、書かざるを得ないというのが正直な気持ちである。人生の実相を語ろうとするとき、それは学問とか芸術とか、思想といったもので説明できないし、説明する必要のないものではと思う。「思想」として整序する前の「精神」、というよりそれ以前の「気持」の推移を大事にし、言葉として表現しておきたいのである。もちろん、回想することには寂しさといったものが伴うが、それでも、自分の気持ちの移りゆきを記すだけでなく、行間に心情を託し、老いの中にある感情の群れを筋の通った凛とした文章に書き上げることができるかどうかということ。まったく自信はないが。

副題の「仏教アナキズム」という言葉はごく最近知ったものである。哲学者で評論家、政治運動家、大衆文化研究者とされる鶴見俊輔（一九二二－二〇一五年）が米寿八八歳のときに書いた『かくれ佛教』（ダイヤモンド社、二〇一〇年）で使っている言葉である。苦労した人生を送った鶴見は、自分は仏教徒ではないが、「自分と仏教との距離は紙一重」だと言い、それは愚かな母親に生まれたときから殴られたり、柱に縛り付けられたり、「あなたは悪い子だ」と言われ続けて育ったことと関係するという。

「仏教」はとてつもなく捉えがたい言葉であり、思想・イデオロギー用語である「アナキズム」もたいへん重たい言葉である。この二つの言葉を組み合わせた「仏教アナキズム」という言葉は調べてみると確かに、多くはないが時に使われてはいるが、そうなじみのある言葉ではない。私自身、きちんと説明できるかどうか怪しいが、漠然とではあっても今の私を支えるひとつの考え方として、私なりにその中味にできるだけ迫ってみたい。

ただ、最初に言っておくと、人生のうち、老後は模糊たる霞の中にぼんやりしているのがいいとも言う。もうろく状態というと言い過ぎであろうが、あまりにも意識化され、輪郭が明るすぎるのがいいとは限らない。「仏教アナキズム」という言葉も大雑把さをもったものとして、鮮烈な、あるいはイデオロギッシュな何かと捉えないほうがいいのかも知れない。老い衰えは生者の定め、露命は如何ともしがたいもの。深い自分史と分断史。絶望と諦念。生きている限りの日常は、我を問い続ける修行であるのかも知れない。あるいは『漂泊の魂』を書いた作家、ヘルマン・ヘッセ流に言うなら、「自我への巡礼」とでも言っていいのか。いずれにしろ、どこであれ参加の主体になりにくい存在である「在日」のひとりとしては、自分のアイデンティティのなかにある一種の寄る辺なさをどのように少しでも明確にし、言語化できるのか、難しいけれども大事にしたいと思う。

一　死と生

老いというと、死の話につながる。老後という言葉の響き自体、今の時代、陰湿さを帯びるが、死の話になると最初から怖くなってしまう。それでも私には、試行錯誤しながらも、老いの生き方をまっすぐに見つめたいという気持ちがある。老いの先に死がある以上、死を意識して生きるということになるが、そこには人によってさまざまな道すじがある。ここはあくまで私自身の思うことであり、それも自信があって活字にするのではない。むしろ活字には制限があるし、私自身の内奥すべてを書き表せるわけではない。それでもこの時代に在日二世として生きた何かを記録に残すにはそれなりの意味があるのではと思う。

私の妻が肺がんで亡くなったのは二〇〇八年一二月で、私はちょうどそのとき、六五歳くらいのころから、老いについて考えるようになったのではないかと思う。もっとも今でも、自分が「老いた」とか「晩年だ」ということは認めたくない気はするが。ただ小さいころから、たぶん小学生高学年のころから、私は死ぬことに恐怖心を抱いてきたことは確かである。夜寝ていて突然怖くなってまだ起きている親の元に駆け込んでいったりした。大学三年生のとき、「胸さわぎ」という詩を書いたことがある。「……／ぼくたちはこうして生きている／そして　今までに／多くの人が死んでいる／ぼくたちが　たとえ　死んでも／この世界には／多くの人が生きてるだろう／きっと／ぼくたちのことなんか忘れてしまって／……／〈死〉を思うとき／胸さわぎがして／胸が締めつけられるようになり／ぱっと　とび起き／明るいところにとんでゆく」（『尹健次詩集　冬の森』影書房、二〇〇九年）。そして、そんな恐怖心がなぜか今も続いている。

一九四九年生まれで、権力批判を避けながら現代文明を論じる佐伯啓思は、小さいときから死に対する恐怖があったが、二十数年前に「死」ということを考えても観念上のことだったという。「生」と「死」がきれいに分断されていて本当のリアリティの感覚はなかったという（『死と生』新潮新書、二〇一八年）。それに対し世代は違うが、敗戦から四〇日後、拘留されていた豊多摩刑務所で無念の死をとげた哲学者・三木清（一八九七－一九四五年）は、『人生論ノート』（新潮文庫、一九五四年初版）で「以前はあんなに死の恐怖を考え、また書いた」と述懐している。佐伯も三木も、歳をとるにつれて「死は観念である」と思うようになっていく。死は不可避であるが、死の経験は不可能である。そのためか、「愛する者、親しい者の死ぬることが多くなるに従って、死の恐怖は反対に薄らいでゆくように思われる」（三木清、前掲書）と。

仏教で「生老病死（しょうろうびょうし）」と言うが、それは人生すべてが苦しみであるということであろう。何よりも、生まれてきたこと自体が、苦痛の連続の最初であり、そのために古今東西、「できれば生まれてきたくなかった」という思いがさまざまに語られてきもした。しかし現実に生まれて生きているからこそ苦しみを感じるのであり、そして死んでいく。「生老病死」と言うとき、佐伯啓思も言うように、「生」と「死」の間にはたいてい「老」と「病」が挟まっており、「死」は「生」

が一挙に失われるなどという一瞬の断層によって与えられるものではなかろう。経験できない死が恐ろしいのではなく、本当に恐ろしいのは「死に方」であると考えてよい。

死について悩み、不安を抱えるというのは、必然的に「孤独」の問題につながっていく。三木清は「この無限の空間の永遠の沈黙は私を戦慄させる」というパスカルの言葉を引用しつつ、「孤独が恐ろしいのは、孤独そのもののためではなく、むしろ孤独の条件によってである。恰も、死が恐ろしいのは、死そのもののためではなく、むしろ死の条件によってであるのと同じである」と述べる。

近代社会は「個」の概念を確立させていったが、しかし近年にいたっては急速に家族や地域が解体し、家族や親族、コミュニティなどの親密な人間関係が壊れ、医療技術の進歩などで大幅に延びた自分の寿命を自分で判断したり、決定することが難しくなっている。言わば、人びとの多くは自然から離れて身体性を失い、頭ばかりで自分や世界を捉えるようになっている。そして最後は、医療介入を経た上で「死なせてもらう」しかないのが現実である。事実、人は歳をとると心身ともに衰えてくるが、それは精神面でもかなり顕著である。判断力や記憶力が弱る一方で、物事をすぱっと決断できなくなり、悲哀、それも終わりのない悲哀を知ったかのようになる。結局、自己決定権をもたない「社会的弱者」になるのであろうが、その結果、早くに諦めようとしたり、精神の均衡を失っていらだったりする。それを察知したインテリの中には前もって自死する者も出てくる。「在日」の場合ももちろん同じであるが、歴史的・社会的・経済的な側面からいうと、日本人一般のあり方よりはもっと難しい局面に立たされているのではないかと推察してもおかしくない。「在日社会」というコミュニティは事実上存在しなくなり、家族バラバラないし家族内の軋轢、日本（人）そして「祖国」との距離感・違和感、それにも増す貧窮の苦難など、どれをとっても難しいことばかりである。とくに「在日」のインテリはよけいに難しい条件の中にあるのではとさえ思われる。年金や介護のことで言えば、「在日」の場合には年金受給のレベルはかなり低いのが実際であり、また在宅であれ施設であれ、排泄の苦行など、介護の実態はけっして綺麗ごとではすまない。モラルの不在は日本社会の一般的現象ではあるとしても、日本の介護の現場そのものはすでにモラル不在の蔓延で知られており、とくに介護施設などでは、介護のひどさ、えげつなさ、儲け主義がはびこっているとされる。

「在日」のインテリ、とくに作家などは民族や祖国、そして解放後史や在日史を語っても、自らの死やそれにまつわる話をすることはほとんどない。そうしたなかで先日珍しくも、「四・三事件」を描いた『火山島』の作家である金石範《キムソクポム》が、生と死、そして創作について確固たる信念を語っていたのに出くわした。二〇二〇年六月、九四歳のとき、心臓疾患で予期しない入院・手術を余儀なくされる。何回も大病を患ってきたが、このとき初めて「死の恐怖」を感じたという。生死は一体であり、生の終わりが死であり、死は生者の観念であって、実体はないと言いつつ、自分にとっては、「人間の生の強烈な意志が死への年齢を引き延ばす。ただ寿命に従って書く、生きるというのではなく、書く力で生を引っ張って生き延びる」と断言する。「寿命のほうが弱っていくなら、小説執筆力の生が寿命を引っ張って、何とか同時にゴールインするというのが私の矛盾した考え」であり、それが「人生最後の実践的課題」である。そして「そのときに生・作・死の一体が全うされる」と自らの信念を語っている。それはまさに「死の観念は強迫性をもつことで作への刺激力となる」という作家人生の執念そのものであると言えるのかも知れない（金石範「生・作・死」、『すばる』二〇二〇年一二月）。まったく見事な信念であるが、その語り口からする限り、家族の愛情など、家庭的に恵まれてのことと思われる。二〇二一年一月に九九歳で亡くなった瀬戸内寂聴は、「作家に余生はない、筆を執るのを止めれば、心も震えなくなる」と語っていたという。作家の業はすごいと驚嘆するが、私、そして「在日」が抱く老後そして死に対する恐怖心とは少し違った意味合いをもつのではないかと思われる。

二　信仰の世界

考えてみれば、死は不条理で、外から突然やって来るのではなく、すでに自分の内に深く潜んでいるものである。人は普通、生まれたときは祝福されるが、死ぬときは茫漠で暗いイメージが付きまとったままである。そこで多くの人は、死に対する恐怖心をもつが、それは本来あくまで「死の観念」に過ぎないものである。しかも実際には、われわれの生にはいつも「死の影」が底に漂っている。考えても仕方ないのかも知れないが、ただ人生の最後が「無意味」なものだというなら、その「無意味」というゴールを目指して駆け続けている「生」も無意味になってしまうのではないかという疑念がわいてくることになる。

「人生は無意味」、きわめて簡潔・明快な言い方である。朝日新聞の「折々のことば」にこんな文章が載ったことがある（鷲田清一、二〇二一年一月一二日）。「人生に起承転結があるか。そんなものあるはずない。ありそうな気がして、なんとなくケジメをつけてみたくなるだけだ（なかにし礼『作詩の技法』から）。人生には目的すらもない。無数の動機が鬩（せめ）ぎあう「ジタバタ劇」があるだけだと、……」。しかし私にとっては、こういう書き方自体、キツイ。これまで一生懸命生きてきたのに、こんな言い方はないだろうと。せめて、人生に意味づけをし、結果をもとめてはダメだ、という程度であればと願いたくもなる。

けれども、人生を深く生きた人は違うようである。先に紹介したように、美術家の篠田桃紅は一〇七歳で人生を閉じたが、含蓄の多い言葉をたくさん残している。『これでおしまい』（講談社、二〇二一年）を読むと、「世の中はすれ違い、筋違い、食い違い。どこか摑めなくて、誰もが虚しい思いをしているんじゃない？」、「人生というのは究極に孤独なんですね。……夫婦も無理、親子も無理、友達も無理。みんなその一部を共有したということでしょうね」、「人にわかってもらおうなんて甘えん坊はダメ」などと書いている。つまり誰だって孤独、最後は一人、ということ。その言葉には、キッパリとした優しさが感じ取れるようでもあるが、私自身はとてもじゃないが、そんな境地には達し得ていない。

私の友人がブログで幸福とか楽観主義、悲観主義についてこんなことを書いていた。「幸福は外側にあるのではなく、追っかけるものでもない」と。コロナ禍で、幸せを追求することがかつてなく難しく感じられたが、同時に、孤独で暗い日々の中に幸せを見つける人間の強さを知りもしたと。幸福には秘訣なんかない。幸福だと思えば幸福だし、同じ状況でも、不幸だと思えば不幸になった気がする。気の迷いというのは、怖い。木の葉がお化けに見えるから。悲観主義とか楽観主義というのも、実際には気分に支配されるものである。誰にも、分け隔てなく雨は降る。しかし一人は憂鬱になるが、もう一人は「いい雨だ！」と、口に出して言う。

まさにその通りである。いまさら、という感じもする。しかし正直に言うと、歳をとることがこんなにシンドイこととは思っていなかった。歳をとると少しは穏やかになり、感情が豊かになり、物静かな諦めがかえって心身を解放し、優しい時間を過ごせるものと思っていた。老いの落ち着きとでも言うのだろうか。けれども実際には、まったく違うことを日々経験している。たぶん、生きることに無意味さを感じるというのはニヒリズムの問題になり、死ねば「無」に戻る、死の向こうには「無」しか存在しない、と考え始めるのかも知れない。

ここで佐伯啓思の仏教についての理解を知っておきたい。「もしも、生老病死から逃れ、輪廻から解脱することが救いであるとするなら、いずれにせよ、死はまずは望ましいことになるでしょう。だから、少なくともこの世にあってそれなりの覚（さと）りをえて生老病死というこの世界の苦から逃れることが仏教の救いになるのです。……「無」の世界への旅立ちである死は、それ自体が救済である」と。釈迦の言う生からの解脱だというが、そこでトルストイの『懺悔』（一八八二年）や『人生論』(一八八七年)を引き合いに出してこう述べる。生と死をめぐる問題は、科学者や哲学者のような理性によって解決できるものではなく、信仰によって解決すべきものだと。「有限」な人間世界の出来事の意味を「無限」から眺め、その結果、無意味だという結論を導いたそのやり方が間違っていた……。そもそも、「無限なるもの」は理性で把握できるものではなく、理性を超えたもうひとつの智慧によって捉えるほかはない。それは信仰の世界だ、というのだ。トルストイは素朴な信仰に生きるロシアの農民を例に、「有限」と「無限」を結合するのは、あくまで信仰だ、と考えたというのである。

命の再生を願わずにはいられないのが人の情念。死が無意味だとすると、実は生にも意味がなくなってしまう。そうなってしまうとニヒリズムに陥るだけで、人はそれに耐えられなくなる。さてどうすればいいのか、どう考えればいいのか。たぶん、死は無意味であり、死後は「無」であると捉えることのない「何か」を求めたくなる、ということなのだろう。そこに、明確に宗教的な形はとらないとしても、少なくとも、合理的かつ実証的には理解できないある種の「形而上的なもの」が登場してくるということになる。私が勉強した仏教の言葉に「生者必滅(しょうじゃひつめつ)会者定離(えしゃじょうり)」というのがある。生まれくる者は滅び、この世で出会った者には必ず別れがくるという定め。その考え方の底には、生きる者、形ある物は常に変化していくという意味がある。仏教では確固とした「私」というものは存在しないということである。誰もが死を身近にしていた日本の平安末期や鎌倉時代の争乱の時代、親鸞らによって広まった浄土教の意味の重要さはここにあるのかも知れない。「南無阿弥陀仏」をそのまま信受することによって、極楽往生が定まるという信仰の力。

三　修行と仏教、そして政治

哲学者のマルティン・ハイデガー（一八八九－一九七六年）がかつて、「先駆的決意性」という言葉を使ったことはよく知られている。自らが死に行く存在であることを受けとめ、その自覚から生を捉え直そうとする。つまり、迫り来る死の避けがたさを真正面から受けとめることによって、残された人生をより良く生きる、という決意である。私も、あなたも、誰もが、死は受け入れざるを得ない。しかし実際問題として、それをどう実践していけるのか。悩みや不安、挫折に満ちあふれた現実をどう生き抜いていけばよいのか。

私は在日総合誌『抗路』第５号（抗路舎、二〇一八年七月）に「なぜ韓龍雲《ハンヨンウン》なのか――四苦八苦をどう乗り超えるか」（本書Ⅲ「四苦八苦をどう乗り超えるか」）という論稿で、「生きていくための杖、動力を求めて」仏教について勉強していると書いたことがある。いま思い返しても必死になって、無我夢中で書いたのだと思っている。理屈で言えば、先駆的決意性の入り口にいたとも言えるが、今もその境地に達していないのは明白である。そこでなぜ宗教か、仏教かという話につながるが、私は別に仏教徒でもないし、むしろ仏教の教義や経典にはなじめないし、一生懸命勉強しなければという気持ちもない。それでも人が宗教心なるものをもっていて、悩みや苦しみ、挫折をするなかで、宗教的な教えが意味あるものとしてあることは認めざるを得ない。悩みや不安、挫折から逃れられない人生において、「人知を超えた存在」を意識し、そこに救済を求めようというのは人間存在の普通のあり方だと思っている。韓国の人気者・法輪《ポンニュル》スニム（僧侶）は毎日のように全国各地を廻って人びとの声に耳をかたむけ人生相談に応じているが、その「即問即答」の悩み事相談の奥には、家族の平穏、人道・人権そして平和のさまざまな問題に分け入りつつ、飢饉、病気、非識字の根絶などに取り組み、究極的には仏の教えを伝えたいという意欲があると思われる。揺れ（迷い）ながら生きていく。悲観でも楽観でもなく、死を思い、今を生きる。そこでは自信と不安が矛盾なく併存しているようである。

釈迦に始まる仏教の教えには複雑なものがあるが、それは最初は初期仏教というものだと言われる。しかし長い歴史の中で仏教の考え方は複雑に入り組み、いまではとてつもなく大きな宗派・教義が乱れ咲いている。ただ私は、繰り返しになるが、大きく言って仏教の考え方には二つの流れがあると理解している。一つは浄土思想の来世信仰であり、もう一つは自己探求、自己改革をめざす禅思想である。もっともこの二つの流れの線引きは不確かで、相互浸透的でもある。私自身はいままでは、どちらかというと禅の教えに惹かれ、自己探求、自己改革、つまり修行によって自分を変えていかなければと思ってきた。知識や教義ではなく、自己の体験を重視した言わば「自力」によって「有限の中で有限とともに生きる」をモットーにしたいと願ってきた。もっともその目標とされる「悟り」については懐疑的で、どんな高尚な人物であっても、究極的に悟るというのはあり得ないと思ってきた。しかもそこには、「南無阿弥陀仏」を唱えれば救われるとする浄土教の「他力本願」に対する反発心があったと言ってもよい。

浄土教だけでなく、宗教は多くの場合、世俗世界は苦に満ちたもので、苦からの救済は死後にやって来ると考えるようである。天国とか浄土とかは死後にやって来るもので、したがって宗教とは死後の「あの世」についての物語であり、それを信じることが「信仰」である。しかし、釈迦に始まる初期仏教では苦からの解放を目指しはしたが、死後の世界、そこにおける救済などは説かなかったとされる。その点、私がこの数年間考えてきた「生きていくための杖、動力」というのは、「あの世」の信仰ではなく、自らの努力で実現していくべき自己探求、自己改革であったと言ってよい。もちろんひとりよがりというか、主観的な考え方かも知れないが、私にとって大事なのは、この世にあるいは宇宙に絶対者とか神といったものは存在しないし、誰も救ってくれないし、したがって救われることを祈るのも無駄なことである、とことん自分で突きつめていくしかない、ということである。他者に依存しないぶん余計にしんどさを感じることになるが、それが自分の生きる道だと信じたかった。苦から解放されたい、そのためには知識ではない何かが必要である。そこに初期仏教におけるような、修行者たちの修行集団のようなものがあればよかったけれども、私には寄り添うことのできる集団もなかった。仏心とか、仏性といったもの、そしてお経やお寺といったものに違和感をもち、悟りの世界も信じられないままに悩みや不安、挫折の虚空をさ迷うとき、自分をさらに叱咤激励し、なんとかしなくてはと焦るばかりであった。生きるとは難しく、生きることの意味を見つけられず、いまなお、この世に生まれ出たこと、存在すること自体、不思議で、耐えがたいものに感じる。老朽孤立の行く末におののくとき、自由に、清々しい、心ときめく生き方とはいったいどんなものなのか、知りたくなる。

前にも書いたことだが、私は仏教の勉強を始めたとき、仏教学者・佐々木閑著『日々是修行——現代人のための仏教一〇〇話』(ちくま新書、二〇〇九年)から多くのことを学んだ。その根本は、「釈迦の仏教というのは、教義を押しつける宗教ではない。必要とする人を待ち受ける、病院のような宗教だ」と。仏教の本義は「修行」である。誠実に励むことに人生の価値を見いだす。間違ったら直せばよいし、失敗したらやり直せばよい。日々迷いながら正しい方向を求めて努力していく。そこに仏教が目指す生き方がある、と。つまり、修行とは日々努力すること、それが人格を向上させる。そこには智慧の裏付けが必要で、そのためには精神の集中、瞑想が不可欠である。そこに禅の意義がある、と。

ざっとこんな感じであるが、著者は、もちろん、もっと深いことを語っているはずである。普通の生活にこそ理想へとつながる道が見えるはずであり、たとえ最終のゴールに到達して「悟り」を開くことは無理にしても、誰もが自力で、着実に先に進むことのできる天下の公道、その道のことを仏教と言うのだ、と。ただ私自身は、こうした言葉を一種の人生訓、処世訓として受けとめたかったし、それが真理につながる何かの道、普遍思想に至る道だと捉えたかった。そこには人生、どんなにあがいても迷いや不安、挫折から逃れられないし、虚妄をこそつかめ、ジタバタするな、という戒めないしは諦めのようなものが付いてまわった。

すでに書いたが、私は仏教徒ではないし、キリスト者でもない。仏教の「往生」もキリスト教の「復活」も死後の世界の話であるが、私には想像できない。「信じるという思考形式がとても下手くそだ」といった韓国の思想家・申榮福《シンヨンボク》の考え方とたいへんよく似ている。「人や規則を信じるということとは違って、「理解に基づかない信」を一方的に受け入れる態度は取れない」ということである。一九六八年の「統一革命党事件」（北朝鮮の指示と資金で革命組織を結成したとされる事件）で逮捕され、二〇年間服役した申榮福は思索に思索を重ねたが、宗教的な信仰に至ることはなかった。「今日はただ明日を待つ日であり、今日は昨日の翌日であり、明日はまた明日の今日であるだけだ」と一日一日を過ごしたという（『감옥으로부터의 사색』〔『監獄からの思索』〕돌베개、一九九八年）。

人生「晩年」、それでも人からは、私の体質について時に冷ややかな視線が投げかけられているのだろう。知識偏重、威圧的、家父長的、ひとりよがり……。もっとあるだろうがその一部は自覚的に受け入れざるを得ないものもある。支え合うこと、語り合うことが大事だといっても、さて、現実にはどうすればよいのか。瞑想、坐禅は自分の中の他者と語り合うことだといっても、実際にはなかなかそう感得し得ない。私にとっては、雑草を取るのも、黙々と歩くのも坐禅であるが……。ヘタをすると、自分とは異なる他者を忌避することで保たれがちになる自尊心の持ち主にもなりかねない。仏教の歴史そのものが、国家仏教、権力仏教の様相を示してきたし、今日も権威をかさに着た宗教として幅をきかせている。女性差別の特徴をもってきたのも周知の事実である。

先に述べたが、鶴見俊輔は、「自分と仏教との距離は紙一重」だと言う。「自分と仏教との距離は紙一重、ほとんどないに等しい」とさえ言っている（前掲『かくれ佛教』）。なぜか。仏教は国家仏教で、戦争などで人を殺すのに加担してきたから、という。法然、親鸞、一遍、柳宗悦の影響を受け、中世ドイツ（神聖ローマ帝国）のキリスト教神学者・エックハルトからも学んだ鶴見は、戦時中アメリカから帰国して海軍軍属の位置に立たされたとき、一番悩んだのは人を殺せるかどうかであったという。私なりに考えれば、絶対者を信仰する宗教では、絶対者との約束をまもるために時として暴力も聖なる行為、善となる。しかし釈迦の仏教のように絶対者を認めない宗教では人を殺すこと、さらには殺生には加担してはいけない。他者を傷つけてまで守る自分というものは存在しない、ということに関わってのことであろう。このことはたぶん、宗教の「政治性」の問題とつながってくる。

鶴見俊輔曰く。「私は仏教と地続きだ。……私の採った立場は、仏教アナキズムというものなんだ。その萌芽はすでに法然にも親鸞にもある」と。つまり「鎌倉新仏教の樹立者たち、法然・道元・親鸞には積極的な国家肯定の思想はない。むしろ彼らの仏教は、国家そのものへの批判ないしは拒否の仏教であった。死をみつめる仏教に世間ないし国家への密着・融合はありえない」。仏教は一種のニヒリズムであり、名声を上げるとか地位を得るとかを目標にするものではない、というのである。中国唐代の禅僧である馬祖道一《ばそどういつ》はその典型で、平常心是道（へいじょうしんぜどう）や即心是仏

（そくしんぜぶつ）の言葉でよく知られている。その流れで見ると、室町時代の一休純宗や徳川時代の良寛も、普通の仏教集団からすれば「破戒僧」であった、と。ただ、このことを国家との関係、すなわち政治権力との関係で考えると、どういうことになるのか。つまり、宗教、とくに仏教の「政治性」とはどんなものかが気になってくる。

たとえば、鶴見俊輔は、「偉大な知性」の人だったという柳宗悦についてはこう言う。「柳は大正以来、朝鮮文化擁護のために尾行されたことが何度もある。ただし、拘引は沖縄でだけです。柳は政治運動としての政治運動にはおち込まない」と。また「仏教は結局、国家を超える。国家を批判するのが仏教の任務の一つだ」と断言する。そして（一遍や良寛など）「非僧非俗の仏教者が身をもって示したアナキズムこそ、歴史的には中間底における日本の仏教の本道であった、といえるかも知れぬ」と言う僧侶で哲学者の橋本峰雄（一九二四－一九八四年）の文章を引きつつ、自らの心情を吐露している。

さて、こうなると、私、そして「在日」にとって仏教と政治はどう関係するのか、またそこにアナキズムという思想・イデオロギーを介在させると、一体どういうことになるのか。念のために言うなら、先にあげた佐々木閑は、「仏教は本来、非社会的な宗教である」と述べている。初期仏教を中心にということになるのかも知れないが、「『仏教的なものの見方をベースにして、社会的な問題を考えていく』というのなら、それは素晴らしいことだ。しかし、仏教自身が、社会的発言力を持って政治に口をはさむことは許されない。……「仏教は政治に関わることができない」というメッセージは、しっかり読み取っておかねばならない」（前掲『日々是修行』）と警句を発している。日本の仏教史における本願寺の生態を見ても、現在の創価学会の姿を見ても、そのことの意味はいちおうよくわかるつもりである。韓国も同じであるが、しかし同時に、たとえば、韓国民主化運動において大きな役割を果たしたキリスト教や仏教をどう考えるのか、またとくに、「在日」の歴史が一貫して民族や祖国、統一の問題に関わってきたことなどを見るとき、はたして仏教と政治、そしてアナキズムの問題をどう考えればいいのか、慎重さが必要になってくる。

四　アナキズムをどう考えるのか

鶴見俊輔の考え方の根底には仏教が国家を肯定してはいけない、密着・融合してはいけない、とくに人を殺すのに加担してはいけない、という論があるのは確かである。佐々木閑の仏教は政治に関わってはいけない、というのも同じ文脈で受け取っていいのだと思う。それに対して私は別に異論を唱えるつもりはない。むしろ歴史的にまた現実に、仏教が時の政治権力と密着・融合し、教団や自分たちの利益を追求してきたことは厳に批判すべきだと思っている。しかし同時に仏教なりキリスト教なりの教団や勢力がいっさい政治ないし政治運動に関わってはダメだというのも少し納得がいかないような気がする。韓国の民主化運動において反独裁の姿勢を鮮明にして闘った宗教者も少なくないが、それはあくまで聖職者個人の限定的なものとしてのみ見るのか、あるいは民主主義を渇望した一般市民の熱意に支えられた宗教界での反応・連帯・行動というように少し幅をもって考えてもいいのかどうか。国家は常に危ないというとき、その危なさと対抗しようとするとき、人は政治や政治運動に少なからず関わってしまうのではなかろうか。それを宗教は、仏教は、と、十把一絡げにというか、全部否定する問題ではないだろうと思う。

私が好きな韓国の仏教僧に一九五〇年生まれの明盡《ミョンジン》スニム（僧侶）がいる。悪名高い猛虎部隊の一員としてベトナム戦争にも参戦した経歴をもつが、いつの頃からか自分の属する大教団の腐敗・堕落を烈しく批判し、ソウル市内有数の寺院・奉恩寺（ポンウンサ）の住職の地位も剝奪されてしまう。侵略戦争に加担した自分は「左派」ではないと公言する。酒を飲み肉食もするが、時の大統領が会いたいといっても断り続け、常に社会正義と民主主義の実現のために活動し、北朝鮮との融和・統一を主張する。それこそ昔の日本で言えば「破戒僧」とでもいうのか、今日風に言えば民主運動家、仏教運動家、統一運動家そのもので、政治ないし政治運動と密着した仏教僧である。

私は大学を卒業する少し前から民族に目覚め、祖国や統一の問題を自分の根幹に関わるものとして捉え、さまざまな形で模索を繰り返してきた。それは植民地支配の所産で、分断時代を生きざるを得なかった「在日」の「政治性」そのものと関わることで、個人レベルであろうがなかろうが、「在日」の政治運動・社会運動と密着した形の人生行路である。それが老いを迎えた今、人生の苦しみを軽くしようと仏教にある意味、「生きていくための杖、動力」を求めようともしているが、だからといって、民族・祖国・統一と深くからまった「在日」の政治性と縁切りできるわけではない。

「在日を生きる」とは、まさに「いかに生きるか」の問題であった。国家の抑圧性と闘う必要はあっても、いったんは「統一国家」を勝ちとるために生きるのが自分なりの使命だと思っている。その意味で、「仏教」と「アナキズム」を組み合わせた「仏教アナキズム」という言葉に大きな魅力を感じる。誰もそんなことを言ったことはないが、たぶん明盡スニムも「仏教アナキスト」だと呼んでいいはずである。

ここで注意すべきは、「アナキズム」という言葉ではないかと思う。日本では長らくというか、一般的には「無政府主義」と訳されてきたようであるが、近年は「アナキズム」とカタカナで表記されることが多くなっている。原義は不本意で強制的なすべての形態の政治支配、ヒエラルキーに反対する思想・イデオロギーという意味のはずであり、そこから一般的には、国家を望ましくなく不要で有害なもの、廃止すべきものと捉える傾向にある。それでは「統一朝鮮」はどうなるのかということになりかねないが、先にも述べたように、いったんは過去から現在に続く植民地支配のくびきから脱して統一国家をつくる必要があるはずであるが、それが「国家」であるかぎり、またさまざまな矛盾・葛藤が出てくるのは当然である。その点、最近日本語訳が出たルース・キンナ著『アナキズムの歴史――支配に抗する思想と運動』（河出書房新社、二〇二〇年）の訳者・米山裕子が「訳者あとがき」で、「本書の訳出に際して生じた数多の悩みの中で、もっとも大きかったのは anarchism と anarchy の訳語をどうするかという問題だった。……それぞれ「無政府主義」「無政府状態」というのが長年の定訳だが、これらの訳語は、原語のもつ一つの側面しか表していないように思われた」と述べつつ、「訳語としてもっとも適切だと思えたのは「無支配主義」だ」と言っているのは示唆に富む。「「アナキズムって何?」って尋ねられたら、こう答えるだろう。「国家や資本主義など、世の中のあらゆる支配を排し、一人一人が自らの意志で互いに助け合うことによって、自由で平等な社会を築こうという思想」であると。確かにアナキストの多くは、現在の形態での国家を否定しているが、目的はあくまでも、それによる支配を取り除き、人間が、自由に、平等になることなのだと思える」と。

アナキズムを「無支配主義」とし、その意味をこう理解するなら楽である。仏教の政治性、権力関係を云々するよりも、こうした理解のアナキズムと組み合わせることによって、さまざまな経験・失敗・挫折を経た老いの時間を過ごせればいいのでは、と思うのである。仏教は、言葉にはなりにくい心に、何かつかみ所みたいなものをつけてくれるもの。それは信仰というよりは「智慧」と考えるほうがよく、「生きていくための杖、動力」だと受けとめられる。そこに民族・祖国・統一といった政治言語を包み込み、それを超えた普遍思想につながるアナキズムという言葉。天下国家を無理に考えるのではなく、高齢の日常の中で、周囲や地域の知人・友人たちと交わり、楽しく暮らそうとする中で、若いころから心に抱いてきた民族や祖国のこともそれなりに自らの言動の中に組み込ませている。むしろこう理解し、自らを納得させるのがいいのかも知れない。

もちろんアナキズムの歴史は支配に抗する思想と運動であり、そう軽やかな言葉ではない。ルース・キンナの書も、一九世紀の草創期から二一世紀の今日に至るまで、もっとも「過激」な思想にこそ社会変革の鍵があったことを含意するもので、あらゆる支配と闘い、自由と協調、そして対決を徹底的に追い求めてきた厳しさ、ラディカルさの魅力を語るものである。パリ・コミューン以来、アナキズムは国家と資本主義への特定の批判と関連したひとつの主義・イデオロギーとして表出され、有産階級の搾取と政府の抑圧に抵抗するために自発的な運動、革命組織の原形といったものを提示したりした。社会主義やマルクス主義と取り結び、ときにマルクス主義の正統性・権威主義に反発もした。もとよりアナキズムの理論ないし思想として表現されてきたものは、幅広いだけに曖昧さや観念性を免れず、その目的やゴール、それへの道のりも不確かであることは事実である。ただそれにもかかわらず、一九世紀以来、アナキズムの思想と運動が世界のほとんどの地域で、解放を求める労働者その他多くの人びとを虜にしてきたことも否定し得ないことである。

近代の日本でアナキストと言えば、大逆事件で死刑となった幸徳秋水（一八七一－一九一一年）がまず念頭にあがる。また関東大震災の混乱の中で殺害された大杉栄（一八八五－一九二三年）も、よく知られている。朝鮮（韓国）の場合、アナキズムの思想は二〇世紀に入って、日本の朝鮮植民地支配と関わって受け入れられ始め、解放後には、ときどき学界や論壇で論じられることはあったが決して多くはなかった。それが二〇〇〇年代になって翻訳書や著書が少なからず出されて議論が活発になり、ときに新聞にも取り上げられるようになった。『ハンギョレ』新聞の二〇〇四年一〇月一六日号に「抗日運動の理念的羅針盤　韓国のアナキズム史を復元」という記事が載っている。ちょうどそのころ出版された『韓国アナキズムの一〇〇年』（이학사刊）をめぐる論評であるが、一九八〇

年代に社会主義圏が没落して、理論的にそれを支えてきたマルクス主義革命思想に対する懐疑が深まるなか、それまで軽視されてきたアナキズムが社会変革運動の新しい代案の一つとして注目され始めたと論じている。この本では植民地下における国内外のアナキズム運動に大きな意義を付与しており、韓国アナキズムが一九一九年の「三・一運動」直後に運動として胎動したことを明らかにしている。その場合、もっとも重要な特徴は民族解放運動と人間解放運動が結合されて現れたことであるとして、民族主義運動に理論的基盤を提供するとともに、共産主義（ボルシェビズム）に対抗する姿勢を示していたとする。アナキストとしては、歴史家・独立運動家の申采浩《シンチェホ》（一八八〇－一九三六年）、黒色恐怖団や南華韓人青年連盟の指導者であった李会栄《イフェヨン》（一八六七－一九三二年）、日本でも活躍した朴烈《パクヨル》（一九〇二－一九七四年）と夫人・金子文子（一九〇三－一九二六年）が紹介されている。そして解放後、アナキズム運動は左右の政治闘争よりは社会運動に注力することによって政治に大きな影響力をもち得なかったけれども、左翼と右翼の間にあって、自主的民族統一の路線を堅持したという。

この『韓国アナキズムの一〇〇年』に先だって、二〇〇一年に李浩龍《イホリョン》著『韓国のアナキズム　思想編』（知識産業社）が刊行されている。朝鮮のアナキズムは社会進化論を思想的武器にした日本の侵略思想の克服という思想史的課題を担って受容され始め、反帝国主義の民族主義思想の根拠を提示しようとした。西欧の民族主義はブルジョア民族主義と資本主義国家体制を志向するが、植民地の民族主義は何よりもその前提として帝国主義支配からの解放を優先するものでなくてはならないとする。その場合、社会進化論に対抗しつつ、アナキズムは個人の絶対的自由を追求する思想として、共産主義とは区別される第三の思想としての地位を担うものとされたと言ってもよい。しかし解放後、アナキズムは米ソの冷戦構造、国内左右の極限的対立構造の中で存立の根拠を確保できず、第三の思想としての地位を維持できないままできた。にもかかわらず、朝鮮戦争を経て南北の分断・対立が継続したままの今日、朝鮮（韓国）には自由民主主義と共産主義をともに乗り超える第三の思想としてのアナキズムにもっと注目してよいという。

「恨（ハン）」と「抵抗」が織り成す朝鮮の近代史では、過酷な生をうけ、暗黒の夜にあってやがて訪れるであろう輝かしい未来を信じて闘った多くの思想家・闘士がいる。獄中で死んでいった詩人の李陸史《イユクサ》（一九〇四－一九四四年）、尹東柱《ユンドンジュ》（一九一七－一九四五年）、歴史家・思想家の韓龍雲（一八七九－一九四四年）や申采浩、その闘いはすべて朝鮮民族の意識革命から始まるものであった。なかでも申采浩は、帝国主義に立ち向かう思想的武器を民族主義に求め、民族史学の樹立など、果敢な闘争を展開した。しかも国外に亡命した申采浩は、のちにアナキズムに惹かれるようになり、一九二七年にはアナキズム団体の「東邦連盟」に加入する。東邦連盟は朝鮮・日本・中国・台湾その他六カ国の代表が集う結社であり、本部は上海にあったという。歴史の評価として、ときに申采浩は民族主義思想を弱化させたという声も聞こえてくるが、私自身は、日本帝国主義の暴虐の中で、国際連帯によって独立と自由を獲得しようとする新たな戦略であったと考えたい（金学鉉《キムハクヒョン》「「恨」と抵抗に生きる――申采浩の思想」、梶村秀樹「申采浩の啓蒙思想」、ともに『季刊三千里』第九号、一九七七年二月）。

五　「仏教アナキズム」という言葉

仏教とアナキズムを組み合わせた「仏教アナキズム」という言葉は今までそう多く論じられてきたわけではない。それでも日本語の書籍やネットにはその言葉が使われ、韓国語の書籍やネットにも少しは出てくる。日本語のネットで仏教アナキズムという言葉は、「アナキズムの理念を仏教（とりわけ禅）の教えと関連させた概念である」と説明されている（Wikipedia）。しかし韓国語のネット（Wikipedia）にはそうした記述はなく、ただ「アナキズム（아나키즘）」という項目があって、その最後に「キリスト教アナキズム」とか「認識論的アナキズム」、「民族アナキズム」などがあると言うが、「仏教アナキズム」という言葉は見られない。先に述べたように、私が仏教アナキズムという言葉を初めて知ったのは、鶴見俊輔の『かくれ佛教』においてであるが、鶴見自身はその書で仏教アナキズムについてあれこれと書いているわけではない。先に触れた僧侶で哲学者の橋本峰雄がいちど『思想の科学』に仏教アナキズムについての論文を書いたことがあると紹介している（「仏教的伝統とは何か」一九六七年一二月号）。その論点は「日本の仏教が出発点で国家宗教として受容されたことは、私たちの大きな不幸であった」ということである。鶴見にとっての関心はあくまで国家仏教の批判が中心であり、実際、自分は「いまになって権門に屈するとか国家に屈するとかいう道ではなくて、むしろ国家が、そのかくれ佛教によって批判されるような道をめざしています」と明言し

ている。

鶴見俊輔が橋本峰雄について述べているくだりで、臨済宗の禅僧・市川白弦（一九〇二－一九八六年）についても触れているので、市川白弦について調べてみると、禅の基本思想について多く書き、またとくに仏教の戦争責任や宗教と国家についてかなりの文章を残し、「解放の禅学」を目指したという（『市川白弦著作集』全四巻、法藏館、一九九三年）。岐阜県・木曽川べりの貧しい禅寺に生まれた白弦は、生来「臆病」という性格をもち、青年になっては徴兵制度があることを恐れ、さらには死ぬことそのものへの恐怖をもっていた。白弦の仏教思想の根幹にはこの「臆病」という生理的な「どうしようもない事実」があり、そこから「臆病な人間が好きであり、体質的に反戦的・反国体的であった」。そしてそれを乗り超えるべく社会主義思想に触れ、それを理論的な根拠とすることによって「空－無政府－共同体論」の仏教社会主義の思想へと向かった。

市川白弦は日本の敗戦後、象徴天皇制と民主主義の関係をあらためて問い直していくが、その思想展開には師・小笠原秀実（一八八五－一九五八年）の仏教アナキズムの考え方があったという。小笠原の「般若心経意」や白弦自身が唱えた「體認の哲学」が大きな意味をもったとされるが、それは臆病者の社会的連帯へ向けての歩みであり、また一九五〇年に雑誌『思想』（一・二月号）に発表した「禅の孤高性について——禅に対する疑義」に見られる現実の禅のあり方に対する批判であった。言わば白弦の思想とは、仏教が権力による支配を原則とする体制を否定するという意味でアナキズムであり、経済的には、排他的私有を基本原則とする体制を揚棄・止揚するという意味でコミュニズムであり、倫理的・宗教的には、このような社会体制の建設・存続・発展のための主体的条件を整え、生きることである。そしてそこで目指された「解放の禅学」の到達点とは、「不殺生と非暴力を説かなかった戦争の仏教学、戦争の禅学から、平和の仏教学、解放の禅学への脱皮である。しかも平和の仏教学であれ、解放の禅学であれ、天皇制と自衛隊の問題を、徹底的に考えぬくという課題を、避けて通ることはできない」ということであった（森村修「市川白弦の「空－無政府－共同体論」『異文化』論文編、第20巻、法政大学国際文化学部、二〇一九年）。

やや難しい議論になったが、仏教アナキストとしてこれまで日本で一番よく知られているのは内山愚童（一八七四－一九一一年）であると思われる。幸徳秋水と同じく大逆事件に連座して処刑された曹洞宗の禅僧であり、鶴見俊輔も紹介しているが、ルース・キンナ著『アナキズムの歴史』でも簡潔に記されている。新潟県小千谷生まれ。箱根大平台林泉寺住職となったころ、社会主義を学ぶ。堺利彦（一八七一－一九三三年）、幸徳秋水、石川三四郎（一八七六－一九五六年）らと交際するなかでアナキストとなる。国内での抑圧、朝鮮・アジアへの支配が激しくなっていく一九〇八年、内山は寺の中に秘密の印刷所を設け、アナキスト共産主義の小冊子を作る。その主たる信条は、天皇の神性の否定、農村の解放と徴兵制度の廃止などで、彼はそうした考えを共同体主義的な社会参加や、自律、独立、自制といった、仏教の伝統からヒントを得た枠組みの中で生かそうとした。彼の属する曹洞宗は、逮捕にあたって内山に擯斥処分を言い渡す。

もとより、アナキズムの運動は、内山だけでなく内外の歴史において、理想に走るがゆえにさまざまな失敗例を見出している。天皇制の批判そして世界の各地・各時代における左翼の運動など、はたしてそうした運動の実際の成果は何だったのかと頭を掻くが、それらはすべて国家や資本家が回収していったのではないかという疑念さえ生まれる。しかしまた同時に、国家や資本主義に対する抵抗が潰されたからといって、その理念や精神までもが廃墟の中に消え去ったわけではない。関東大震災の二日後に、治安警察法にもとづく予防検束の名目で検挙され、のちに無期懲役中に獄死したアナキスト・金子文子は、「……一切の現象は現象としては滅しても永遠の実在の中に存続するものと私は思っている」(『何が私をこうさせたか——獄中手記』春秋社、一九三一年初版)と述べている。

曹洞宗の僧侶・顆明珠は二〇〇六年四月に箱根大平台林泉寺にある内山愚童の墓を参拝したあと、「内山愚童師の墓を訪れて(アナキズムは可能か?)」という文章を書いている(https://blog.goo.ne.jp-/munekuni1973/m/200604)。その内容を読んでみると、内山師はその思想と行動において、アナキズムと仏教の融合をはかったと言える。彼の思想の根幹には、性善説に立脚した全面的な「人間信頼」がある。つまり、抑圧的機構としての、国家、政府、法律を廃止してこそ、真に自由な主体性を確立できるということ。その志は誠に仏教的なものに映る。師は自身の信仰を観念的世界に閉じ込めず、現実世界に実現しようとした。私もまた、アナキズムの実現した社会に「仏国土」の顕現を夢見たことがある。しかし、ここにアナキズムの現実感の乏しさが露呈せざるを得ない。アナキズムはこの上なく美しい世界像を提示しているものの、人間の本性についてあまりに楽観主義的であり、現実把握に乏しいように感じられてならない。マナ識(自我執着意識)、アーラヤ識(マナ識を支える意識）によって汚染された、エゴイズムが跋扈する近・現代の人類の精神レベルでは、無政府社会の実現は夢物語にすぎないのである、と。

仏教では苦、無常、無我が強調される。人は常に悩みと不安から逃れられず、この世のあらゆるものが普段に変化し続けるなかで、我（「私」）そのものも決して確固とした定まったものではない。そうしたなか、初期仏教と例えばのちの大乗仏教では考え方が少し違ってくるのかも知れないが、仏陀が最初、「自由に生きよ」と説いたことは確かである。これはアナキズムが、あらゆる束縛を拒絶するのと同じ観点であり、全体として、仏陀の言説とアナキズムの主張は合致している。強いて言うなら、現代仏教には権威主義的で暗いイメージが付きまとい、あるいは個人であれ宗派であれ、強欲的なものが存在するが、本来的には隠遁主義・修行主義・個人主義的な傾向をもつのに対し、アナキズムは団結主義・闘争主義の性格をもっている。しかしそうしたニュアンスの差異を考慮しても、仏教アナキズムは、物質的な富への欲望を駆り立てる国家と資本主義に対立し、この二つが限りない圧迫と苦痛を生み出していると主張する。その点、仏教アナキズムの立場からすれば、他者を支配しようとする欲望はその相手を苦しめるだけでなく、結局は当事者本人をも苦しめることになる。

それはそうとして、韓国で仏教アナキズムを論じている人となると極めて少ない。私がネットで検索したところ、たった一人しか浮かんでこない。『仏陀の政治哲学探究』や『共同体・生命・価値』といった著書のある方暎俊《パンヨンジュン》で、『仏教評論』の二〇〇一年三月一〇日号と二〇一六年二月一八日号に

「アナキズムの仏教的特性（解釈）」という論稿を書いている。ただその論は、必ずしもよく理解できるものではなく、最終的には、筆者はアナキズムが科学だとは思わない、複合体系理論と非常に似ていると思うと述べている。

韓国では仏教アナキズムについての議論がほとんどないだけに、こうした主張が韓国における仏教アナキズムの理解の仕方だと言うわけにはいかないが、日本での仏教アナキズムに関する議論が主として国家と宗教、仏教の戦争責任など、政治や歴史と関わっていることは確かであろう。それに対して韓国ではもっと植民地支配や分断・戦争、そして民族や南北統一の問題と関わって当然と思うのだが、今のところは、仏教の教義を参照・比較し、あるいは仏教の教義から出発しようとしているのではないかという気がする。そこに人生の体験とか歴史がもっと入ってこなくてはいけないと思うのだが。

六　親鸞をどう読むのか

人は歳を重ねれば老い、思うように体を動かせなくなる。目が見えづらくなり、耳が聞こえにくくなり、歯が欠け、足腰が弱まっていく。言わば誰もが障害者になって、死を迎えるようになる。しかし現実にはそうしたことを考えないで済まそうとしがちになってしまう。せいぜいのところ、頭で理解したいということになるが、それは実は、自分をリアルなものへ直面させることを避け、甘い幻想に浸らせようとすることなのかも知れない。私自身、自分の老いと関連してこうして文章を書いているが、実際にはどう書けばいいのかはよくわかっていない。人の話を少し聴いただけでも、高齢の人生はかなり難しいものだし、私がこんな文章を書くのが申し訳ないくらいになる。

しかも自分の生を取り巻く現実の世界は複雑きわまりない。韓国のアナキズムの運動と歴史とに関わって言うなら、南北の対立は悪化するばかりであり、自由主義を信奉する対米依存派も社会主義志向の対中支持派もどっちつかずの難しい局面に立たされている。朴槿恵《パククネ》元大統領弾劾のろうそくデモから生まれた文在寅《ムンジェイン》政権も「進歩」を標榜することはあっても、人びとの心からは大きく離れてしまった。そこに自由主義と共産主義をともに乗り超える第三の思想としてアナキズムが入ってくる余地があるが、それはまさに一人ひとりが自らの意志で互いに助け合うことによって、自由で平等な社会を築いていこうという意志の表現となる。

韓国に河岐洛《ハギラク》（一九一二－一九九七年）というアナキストがいた。『哲学概論』『西洋哲学史』『韓国アナキズム運動史』『朝鮮哲学史』などの著書があり、学術・社会運動の両面にわたって活躍した人物である。その政治的見解・傾向については確かなことは言えないが、『仏教新聞』二〇〇二年七月二一日号に「真のアナキスト」、「自由を追求した永遠の青年」と紹介されていることから、仏教界とも何らかの関係があったかも知れない。アナキストは「自由人」もしくは「自主人」だとしつつ、植民地そして分断の状況のもと、思想として何よりも「民族の主体性」が重要であるとした。そして環境、軍備縮小、とくに統一問題に関心を集中させて、民族問題を解決するためには統一が必須であると強調した。それは社会主義と資本主義の統合社会を志向することであったが、当然、労働者に対する暖かい視線がその根底にあった。なぜこんなことを言うかというと、それは在日二世である私が歩んだ思想遍歴と重なる部分が少なくないからである。民族・祖国・統一、それを抜きにして在日二世の人生は語れないし、だからといって、いつまでも民族・祖国・統一、それに人権擁護などを言っていれば済むというわけでもなく、そこで自由と平等を強調しつつ、イデオロギー・政治性を帯びた「アナキズム」に関心をもちたくなってくる。ただ、社会主義と資本主義を統合した社会といっても、それが具体的にどんな社会を指すかは必ずしも明らかではないが、少なくとも資本主義の醜さは乗り超えていかなくてはならないと思っている。

現在朝鮮半島、とくに韓国では自主的平和統一、中立朝鮮の実現の気運が高まっているように思う。南北統一というよりは南北共存、その重要な案が「中立化」である。それは北主導あるいは南主導ではなく、戦争の惨禍をふまえた上での生き残り戦略である。独裁者・朴正熙《パクチョンヒ》の永久執権反対に立ち上がった一九七四年の「民青学連事件」で死刑を宣告され、のちに減刑された李賢培《イヒョンベ》は、二〇二一年三月一日、自らが立ち上げた「朝鮮半島の中立化を推進する人びと」の名で、ソウル・タプコル公園で「朝鮮半島永世中立化宣言文」を発表した。マダン劇や仮想現実の寸劇をはさみながら、現情勢においては、朝鮮半島の中立化が最善の策だと内外に宣明するものであった。「朝鮮半島の中立化だけが、統一を妨げる相互不信と軍事的対峙という障害を解消し、周辺大国の利害関係から始まった抑圧の手綱を断ち切る唯一の道だ。……中立化の道は、単にわが民族の生存だけのためではなく、米国や中国、ロシア、日本などを含む近隣諸国の共同利益にも合致する」と。そして彼はインタビューで、多くの韓国人がいま「停戦麻酔」状態に陥っていると語る。朝鮮戦争の停戦協定後、その協定休制に縛られて生活しているにもかかわらず、人びとは幸せに暮らしていると錯覚している。この麻酔状態を壊すことが何よりも重要で、いかなる形であれ、まず行動を起こすことが必要である（『ハンギョレ』日本語版、二〇二一年二月二四日）、と。こうした言い方は、私なりに考えるなら、アナキズムの思想表現ではないかと思う。

普段気づかないことに気づく。そこには世の中のあらゆる支配に抗するにはどうすべきかというそれなりの思想的「表現」といったものが必要になってくる。「仏教アナキズム」と言うかぎり、それは仏教をどう捉えるのか、どう自分のものにするのかという問題にもなろう。その点、仏教アナキズムに言及する鶴見俊輔だけでなく、仏教の革新、仏教の捉え直しを強調する人たちが、例外なく法然、親鸞、日蓮、一遍、そして一休や良寛などに触れていることに注目せざるを得ない。それまでの仏教信仰のあり方に異を唱えて、最初に念仏だけの救いを唱えた法然、それを徹底させて「悪人こそが救われる」とまで言い切った親鸞、そしてさらにその教えをつきつめた一遍は「捨てる」ことを実践し、その果てに見出された「身体」での信仰の表現、つまり太鼓などを打ち鳴らして踊りながら念仏を唱える「踊り念仏」をあみだす。もとより、念仏を唱えるだけで阿弥陀仏の本願がこの身に実現されるという他力信仰は既存の修行や悟りによる仏教を根底からゆるがす大きな転換であった。しかも法然から一遍に至る過程においては、既成概念と権威から逃れることによって、新しい民衆像を創り出す可能性を普遍的なものとして提出したという意味があるようである。そこでは「完全な信仰に達することを信者に要求しない。疑う力を最後まで無理に消すことはない」（前掲『かくれ佛教』）ということが重要な方向であったと思われる。

孤独に苛まれた良寛は、「人間が生きる無常世界の闇の深さをよく見つめていた。愛欲を満たそうとして、満たされなければ苦しむ。苦しみを捨てようとして、さらにもつれ苦しむ……」（荒井魏『良寛の四季』岩波現代文庫、二〇〇八年）人生だったという。しかしいま、仏教アナキズムを論じる立場で言えば、こうした仏教の諦念、信仰の問題だけを論じればいいというわけにはいかない。そこにはやはり、仏教の政治性について真剣に考えてみる必要がある。国家仏教・権力仏教と言われてきた限りにおいて仏教が支配者の側に立ち、支配されるものをないがしろにしてきたことを否定するわけにはいかない。先に触れた市川白弦は、「保守とか革新とかいうのは、どういうことであろう。般若の智そのものに、保守とか革新とかいわれるような契機があるであろうか。『般若心経』の「色は空、空は色」とか、『維摩（ゆいま）経』の「衆生病むがゆえに我病む」とか、『歎異抄』の「弥陀の本願は親鸞一人がため」とかいう智慧について、その保守性または革新性を考えるのは、おろかなことである」と言いつつ、仏教学の大家・鈴木大拙についてはその「米国の問題と仏教」などの論稿を批判して、彼の親米反共、反アジア・反朝鮮の政治的姿勢を厳しく批判している（「般若の保守性と革新性」、前掲『市川白弦著作集』第四巻）。

日本で最大の仏教宗派と言えば浄土真宗であり、その開祖である親鸞は絶大な人気を博している。

仏教でも禅は自力を強調する。しかし普通の人にはそれは重たいものである。他力を唱える親鸞の教えがひろまったのもそのためではないか。そして在日朝鮮人で親鸞と言えば、作家の高史明《コサミョン》が自然と頭に浮かぶ。一九三二年、山口県下関市生まれの在日二世・高史明は、差別と貧困の中で成長し、解放後は政治運動に参加し、日本共産党で活動する。しかし前衛党の中での裏切りや朝鮮人差別で挫折し、文学の道に入る。七一年に初の著作『夜がときの歩みを暗くするとき』（筑摩書房）を上梓し、七五年には『生きることの意味』（筑摩書房）で日本児童文学者協会賞などを受賞する。しかし、一人息子の岡真史《おかまさふみ》が一二歳で自殺し、打ちのめされるなかで親鸞の教えに目覚め、とくに親鸞の弟子・唯円が著したとされる『歎異抄』に導かれていく。『歎異抄』は短くて読みやすい仏教書で、多くの人びとに受け入れられている。

私もかつて高史明の本を何冊か読んで、感銘したことがある。高史明は親鸞と『歎異抄』に関わる著作を多く出し、各地で講和活動もおこなってきた。言わば「在日」で唯一の仏教界の著名人であると言ってもよい。今回この論稿を書くにあたって彼の講演録『深きいのちに目覚めて』（彌生書房、一九八〇年）を読み、また大著『月愛三昧　親鸞に聞く』（大月書店、二〇一〇年）に目を通した。この『月愛三昧』は『古事記』と「三韓征伐」の時代から現代に至るまで、日本歴史の底を流れる思想の歩みと仏教との葛藤の渦を、親鸞の声に耳を澄ませる形で叙述した九〇〇頁を超える作品である。日本と朝鮮、そして自分の生涯、とりわけ一人息子との「愛別離苦」。歴史の闇を凝視しつつ、そこに射しこむ光、生きることの意味を必死に問おうとする高史明の姿には心打たれるものがある。

しかし人さまの信仰に口をはさむつもりはないが、何か高史明の論調にはふっきれないものがある。「親鸞聖人の教え／お言葉」という語があまりに繰り返される気がするのである。論調が饒舌でさえあるようにも思われる。私が感じるに、高史明は親鸞の人間臭さを理解していないのではないか。権力や権威に挑み、肉食妻帯、非僧非俗の立場で民衆の中で念仏者として歩んだ親鸞は、生涯にわたって、外には悟りすましたように見えても、その内実では煩悩が絶えることなく、それでも「教化」に努めたのではないか。「聖人」というものは弟子や後世の人間が創り出すもので、「教え」とか「お言葉」を鵜呑みにしたり、すべてキレイゴトで済ませるわけにはいかないと思う。親鸞の虜になって、自由さが削がれているのではという気がする。こう言っては申し訳ないが、高史明にとって親鸞は「逃げ場所」「隠れ処」になっているのではないかとも思う。もっとも、難しい人生の中で「逃げ場所」や「隠れ処」に拠り所を求めても、いっこうにおかしくないのかも知れないが。

言い換えれば、私に何か、高史明を批判的に言う資格があるのか疑問であるが、問題は親鸞をどう読むのか、親鸞を自分の思想、生き方と関連してどう受けとめるのかであろう。先に引用した佐々木閑は、「この世に超越者などいない」、「超越者はいないというのだから、釈迦自身も超越者ではない。私たちの人生の師ではあるが、釈迦自身も生身の人間である」（前掲『日々是修行』）と述べている。ましてや親鸞もそうであるのは、間違いない。私はいろんな人に教え諭されてきたが、師と呼ぶ人はいない。聖人と呼ぶ人はなおさらいない。別にそれを誇りに思っているわけではない。むしろ時に寂しく思うこともある。しかし人はそうして悩みと不安を抱えたまま、虚妄をつかむこともできないままに生を終えるのではないかと思っている。

私が若いころから考えてきた「在日を生きる」というのは、「いかに生きるか」というよりは、たぶん「生きるとは何か」という根本的な問いを探し求め続けることではないのか。しかしまた考えてみれば、歳をとっていくというのは「衰える」のではなく、「質」が変わるのではないか。すると「生きるとは何か」という意味を問うのではなく、「生きること」それ自体がすべてになるのではないかとも思う。二歳のとき、両親が離婚し、父親は姿を消したという哲学者の森元斎は、「「ただ生きる」というアナキズム」という文章でこう書いている。「私たちは本来、ただ生きているだけである。ただ生きるというのは欲望に忠実になり、時にそれを制御したりしながら、生きることだ。……欲望に忠実に生きることがアナーキーだとすれば、それを制限するのが国家や資本主義である。……（しかしこれらの）命令には完全には従いきれない。この従いきれなさが、資本主義や国家に対して反抗をうむ。この反抗がただ生きることの幅を資本主義や国家の内部に作るようになる。……（そこに）何が基盤にあるのかといえば、基盤的コミュニズムであり、やはり自由であり、欲望であり、生きることなのだ」（『文學界』二〇二二年四月号）と。もう少しかみくだいた言葉でアナキズムを知りたいところであるが、森元斎は別のところでインタビューに答えた言葉がこう表現されている。「思想として研究していたアナーキズムは、目を凝らせば、田舎の生活にふつうにある。森はアナーキズムを「相互扶助」だと考える。権力の強制なしに、助け合って生きていくこと。国や政府、党といった権力を、アナーキストは否定する。……そういう意味で、あなたもわたしも、すでにアナーキスト。その気になれば、自分たちが生きやすい場所、たむろできる場所を創れる」(『朝日新聞』二〇二二年七月一九日夕刊)と。

本来は、もう少し丁寧に紹介しなければならないが、「老い」との関連で言えば、老いていかに芯の通った生き方をするのか、ということになる。そこに何かアナキズム的なもの、人間が互いに助け合って生きていこうとする意志、そして平安の中で一縷の希望めいたものを持ち続けたい、ということだと思う。ここで最後に、先に名前をあげたが、ドイツ生まれのスイスの作家、ヘルマン・ヘッセ(一八七七―一九六二年)について触れるなら、彼は過酷な人生を経て老いを自然に受け入れようとしたようである。逆らうわけでも、あきらめるわけでも、楽観的でもない。深い精神史を刻み込んだその著作には圧倒されるものがあるが、「老い」を生きるという意味では『老年の価値』(岡田朝雄訳、朝日出版社、二〇〇八年)の中にある文章が心の奥底にずしりと響く。「老年は青年に劣るものではありません。老子は釈迦に劣るものではありません。青は赤より悪くはありません。老年が青春を演じようとするときにのみ、老年は卑しいものとなるのです」と。これは頭の中の話で、実際にはそうはいかないと想像しつつも、確信をもった正しさで私の心に迫ってくる。

生まれて大きくなって、働き、家族をなし、歳をとって死ぬこと。これが人生の実相ではあろうが、最後まで灯火をつけ続けるのはそう簡単ではない。煩悶しながら日々を過ごしていく以外にはないだろう。

V

日本語と朝鮮語——主体の揺らぎ

「日本語と朝鮮語」などと、並列して書くと何でもないようであるが、「在日」にとっては何か、穏やかならぬ雰囲気が漂ってくるような気がする。まず、日本語は「日本語」と言うしかないが、「朝鮮語」と言うとなぜか胸騒ぎがしてきて、心中、不安めいたものを感じたり、納得し得ないものが残ったり、ときに他の人との間でイデオロギッシュないさかいが起こるのではと心配になる。歴史的には日本語ではたぶん、「朝鮮語」と言い表すのが正しいのではと私は思っているが、人によっては「韓国語」と言い、また時に「コリア語」と言うこともある。NHKに代表されるように「ハングル」と称されることもある。そんなことを考えていくと、「日本語と朝鮮語」と、そう簡単に並列して書いてよいものかと、疑い始めることにもなる。

一　不遇の意識

「在日」とは在日朝鮮人を意味するが、それは日本の植民地時代を入れても、ここ一〇〇年余りのことである。そもそも、「在日」を生きるとは、差別に抗して生きることであったと言える。事実、

「在日」の一世・二世はもちろん、三世・四世も、多くの場合、「不遇の意識」を生きることを運命づけられてきた。在日朝鮮人文学者の金石範《キムソクボム》は、こうした「在日」の歴史性に立脚して、「在日」が「被」「負」「不遇」の立場から出発することは「倫理的な要請」であり、そこからしか主体的な「自由」は獲得できないと主張した。そして、「在日」が自己の存在を意識した場合に感じとる矛盾のかたまりは、つねになんらかの民族的な様相を帯びるものとならざるを得ない、と（金石範『ことばの呪縛――「在日朝鮮人文学」と日本語』筑摩書房、一九七二年）。

つまりは、「在日」の民族的アイデンティティは、被差別体験という触媒によって獲得され、それは「日本」「日本人」に抗うことをひとつの本質としてきた。しかもその「在日性」とも言うべきものは、「自由」を獲得する道を切り拓いてくれると同時に、「空虚さ」とか「偏狭さ」といったものを含むだけでなく、「近代」に温存された日本そして朝鮮の「封建性」を少なからず含むものとならざるを得なかった。もちろん、「在日」と言っても、その主張や思想、生活意識は多種多様であり、そのなかで日本語と朝鮮語の緊張関係は、日常生活や文学などの表現活動などにおいて、さまざまな形で意識され、認識されてきたと考えられる。ここで日本語と朝鮮語の緊張関係とはつねに揺れ動くものであり、時代の流れの中での個々人の生き方、生きざま、主体の揺らぎに連動するものであった。

日本語や朝鮮語は、ともに「近代」の言葉であり、しかも厳密に言うと、何が日本語で、何が朝鮮語かは規定しがたいものである。実際に通用しているのは共に、さまざまな方言であり、またその方言の寄せ集めであると考えてよい。しかし「在日」の歴史を見ると、「朝鮮語」と言われるものを習い、使うことは、アイデンティティ、とくに民族的アイデンティティと称されるものの形成に重要な意味をもってきた。

一九四五年八月の解放後、「在日」は、朝鮮語を学び、苦闘することを通して、これまでの生活を省み、整理し、自らの歴史的・社会的位置を捉え直し、民族・祖国と新たに出会う自分自身を確かめ、朝鮮人としての劣等感・苛立ち・怯えをはねのけながら、生きていく力を得ようとした、と、いったんは言えるはずである。もちろん一世と二世は違うし、三世・四世となると事情は大きく違ってくる。一世は誰のことを指すのか、といったことを問い始めると収拾がつかなくなるので、ここでは単に、朝鮮で生まれて、朝鮮語を母語として成長した世代、というように捉えておきたい。それに対し二世は日本で生まれて一世のもとで、家庭では朝鮮語を聞くことはあっても、朝鮮語を話せず、日本語を母語として育ったと考えてよかろう。

二世にとっては、それでも、朝鮮語（あるいは韓国語）が母国語として捉えられ、言わば朝鮮語を学ぶことによって、民族・祖国に自らを帰属させていこうとする傾向が強かったとも言える。しかし現実には、そうやって朝鮮語を学び、分断した南北や「在日」の実態を知れば知るほど、描いていたものとの矛盾とか乖離を実感させられていったのも事実である。そして一世の多くが消え去り二世が言いようのない寂寞感を嚙みしめながら日常を送っているなか、三世・四世は日本社会の中に溶け込み、日本語を確実に母語とする生活を営みながらも、被差別的な違和感に苛まれることがなお少なくなく、グローバル化の時代状況にあってさえ、ときに、日本語と朝鮮語のはざまで緊張感を強いられ続けているのではと思われる。

二　植民地時代の日本語

母語と母国語は違う。在日一世にとって朝鮮語は母語であり母国語であった。日本が朝鮮を侵略するなかで、朝鮮半島内で、また日本国内で、日本語は少なからず支配者の言葉、暴力性をもった言葉となった。ただ植民地時代に限って言えば、統治の政策用語としては「日本語」というよりは、「国語」という言葉が使われたと言ってよい。

近代の日本において日本語は「国語」として確立された。国語とは明治維新以後に創出された国民的国家語であり、したがって「国語教育」はもっとも重要な国民創出の政策となった。植民地の台湾および朝鮮にはそれぞれ固有の民族語があったにもかかわらず、この国語の強制とその普及がはかられたことは周知のことである。

植民地朝鮮では、「日本語」ではなく、一貫して「国語」であることが強調された。「韓国併合」の翌一九一一年の「普通学校規則」では早くもすべての教科目で「国語の使用を正確にし」とされ、以後、日本語の押し付け、朝鮮語の抑圧がはかられていく。とくに三〇年代後半から強権的に進められ、学校教育では三八年の小学校規定で「国語教育の徹底」が定められ、四二年からは朝鮮総督府の指導のもと、学校だけでなく、朝鮮全土で朝鮮語の段階的禁止、「国語常用運動」が展開された。皇民化政策の徹底化であり、朝鮮語使用者には罰則が科されるようにもなった。

植民地時代、朝鮮から日本への朝鮮人渡航者が漸次増えていくが、そのほとんどは肉体労働者であり、危険な仕事、酷使される底辺の仕事に従事するものであった。これらの人びとはおおむね教育をまともに受けられなかった層である。本来、人間の原形は、幼少期を過ごす風土と環境によって形成されるものであるが、その存在を実感するのは言葉=母語によってである。その点、流民である日本渡航者にとって、朝鮮の故郷は実感するに乏しい幻影の存在となりがちであった。

在日作家の呉林俊《オイムジュン》は『日本語と朝鮮人』（新興書房、一九七一年）という本で、多くの在日朝鮮人にとって、正当な日本語を修得する場にめぐまれることはなく、「日本語とは、暴力的に肉体にとおされた支配者の言葉」であった、と記している。「日本でどのような波乱をかいくぐって日本語を修得したとしても、やはりそこはかとなき朝鮮語のなまりはどこかについて廻るものである」、つまり、「朝鮮人の日本語はどうころんでも日本人のようにはできない」、達者でなければならないはずの日本語には何十年たっても「熾烈きわまるナマリ」が付きまとい、それこそが朝鮮人そのものであった。言うなれば、「おのれ一個のみの肉塊から……絶望と恐怖と流転と衰頽と癒しがたい傷痕をたたきつけてゆく……、まぎれもなく深く刺しつらぬく純粋な、攻撃する日本語」であった。そして一九二三年九月の関東大震災に際しての朝鮮人虐殺に触れて、「半濁音のあやしいものは朝鮮人であると識別されたうえ、しかも、いかなる不自然な状況があったとはいえ、すくなくとも局部的に露出した朝鮮人の日本語を指して迫害が離陸したという一事にわたしはいまもって絶句する」と続けている。とりわけ「自国における潔癖なまでの日本語の完成度からは見放された日本の庶民が、おなじ「庶民」であるべき朝鮮人を虐殺していった」ことにやり切れなさを吐露する。

済州島から大阪に移り住んだ在日朝鮮人が使う言葉は、朝鮮語であれ、カタコトの日本語であれ、「標準語」ではなかった。理解できるのは済州島の言葉と大阪弁で、その済州島の言葉は「陸地（ユッチ）」すなわち半島部の言葉とはまったく異なっていた。日本各地の日本人も同じく、ほとんどはそれぞれ出身地の言葉、つまり方言を使って暮らした。しかし、植民地朝鮮で学校教育を受けた者は、日本人であれ、朝鮮人であれ、「標準語」と呼ばれる共通語を学んで使った。一九二七年に大邱で生まれた植民者二世の詩人・作家である森崎和江は、『二つのことば・二つのこころ――ある植民二世の戦後』（筑摩書房、一九九五年）などでしばしば言及しているように、学校で日本語（標準語＝共通語）を学んだが、朝鮮で暮らしていたとき、それ以外の自国語を耳にしたことがなかったという。その日本語は故郷とか、伝統や文化からまったく途切れたものであった。今でも韓国のかなり高齢の知識人の中には、日本人以上に綺麗な日本語を話す人が少なくない。私もいちど大学生のころ、大邱で梨花女子専門学校（現・梨花女子大学）卒業の母の友人に会ったことがあるが、その日本語はまさに、日本で聞いたことのないくらいに綺麗な「標準語」であった。

皇民化教育の目標は「皇国少年・少女」の育成であった。そしてこの「皇国少年」という言葉を見るとき、必然的に済州島で育った在日詩人である金時鐘《キムシジョン》の告白を思い出す。たとえば、次のように書いて「天皇の赤子」だったことを告白している。「植民地は私に日本のやさしい歌としてやってきました。けっして過酷な物理的収奪ではなくて、親しみやすい小学唱歌や童謡、抒情歌といわれるなつかしい歌であったり、むさぼり読んだ近代抒情詩の口の端にのぼりやすいリズムとなって、沁み入るように私の中に籠もってきました」(金時鐘『朝鮮と日本に生きる——済州島から猪飼野へ』岩波新書、二〇一五年)と。

三 「在日」にとっての朝鮮語学習

一九四五年八月の解放は在日朝鮮人に歓喜をもたらしはしたが、同時に苦衷の始まりでもあった。当時、日本には約二四〇万人の朝鮮人が住んでいたが、その九五・六パーセントまでが、朝鮮半島南部の出身であった。日本が敗戦して朝鮮は植民地のくびきを脱するが、その朝鮮はほとんど同時に南北に分断され、やがて米ソ冷戦の激突地となって戦争の惨禍を浴びるまでになる。日本敗戦後、一部は帰国するが、日本に残留するものが六〇-七〇万人にのぼった。戦前来の日本政府の敵対的政策だけではなく、日本を占領支配したGHQ(アメリカ軍)も在日朝鮮人に対して厳しい態度を示した。その中で、なんの生活基盤もなしに放り出された朝鮮人は、幾多の困難の中で、民族組織である朝連(在日本朝鮮人連盟)を結成する。在日一世の「体でぶつかる」というたくましいエネルギーは例外なしに民族愛、同胞愛を発揮し、それは民族教育の実践、民族学校の建設へと向かった。

実際、次代をになう子どもたちのための学校として、八・一五以後わずか一年足らずで、五二五の初級学校、四つの中級学校、一二の青年学校が建てられ、生徒数約四万四〇〇〇人、教員数約一一〇〇人を数えるまでに急成長する。そこでは朝鮮語や朝鮮の歴史が主要教科となり、「皇国少年・少女」から「朝鮮人」への転生がはかられていった。ただ残念ながら、在日朝鮮人の民族運動はまもなく分裂をよぎなくされ、朝連から出発した民族組織はその過程で北支持の総連（在日本朝鮮人総聯合会）と南支持の民団（在日本大韓民国民団）に大きく二分されてしまう。

朝鮮語の学習は民族的アイデンティティの獲得に中核的意味を占めたが、ただ南北分断国家の成立という条件の中で、母国語の学習は南北のどちらかの政治意識ないしイデオロギーを身に付けることになっていった。事実、当時、民族教育、民族学校の多くは朝連そして総連の影響下にあったが、それは必然的に社会主義そして北の共和国支持の姿勢を導くことになった。民団系の民族教育、民族学校もわずかにあったが、その場合には韓国語の学習は北不支持、韓国支持の政治意識、イデオロギーをもたらすことになった。

民族教育、民族学校については、すでに膨大な数の評論や論文、書籍などがあり、いまさらそこに新しくつけ加えることはないが、日本語が母語である若者にとっては、日本語と朝鮮語の間で烈しい緊張感を経験したのは確かである。またその中で、朝鮮語を学ぶことによって差別社会・日本で人間としての自己を確認し、再生しうる道を切り拓いていったのも事実である。そこには言葉としての日本語と朝鮮語をめぐる葛藤といったものだけではなく、祖国（母国）や統一、そして故郷や伝統、文化、といったもの、さらにはもっと身近な意味での生活習慣や親世代、一世に対するいらだち、不満などといったことについての葛藤・苦悩といったものがあった。言わば日本語で暮らしながら、朝鮮語を学ぶということは、「在日」であることの意味を全身的に問い直していくことであった。

ここでひとつ大事なことは、民族教育、民族学校の建設・運営に対し日本政府およびGHQが敵対的対応をとったことである。事実、朝鮮語を学ぶということは多くの場合、日本政府そして日本社会のあり方に対立する姿勢をもつことにつながった。日本政府はあくまで民族教育を抑圧し、日本への同化教育を強いる政策を取り続けていったのである。実際、一九四九年九月の「朝連」解散命令の機会をとらえて、文部省はふたたび民族学校の閉鎖計画を練りあげ、実行していく。こうした民族学校に対する弾圧は、南北朝鮮の対立の激化とあいまって、やがて在日社会にも深い亀裂を刻み込んでいき、政治的見解の違いや民族組織どうしの対立が家族や親戚・友人などの間に亀裂を生むなど、「在日」の中での南北分断を助長していくことになった。

日本政府の民族学校抑圧については、梶井陟著『都立朝鮮人学校の日本人教師　一九五〇―一九五五』（岩波現代文庫、二〇一四年）を読むと、参考になる。一九四八年一月以降、日本政府は、朝鮮人であっても、学齢に該当するものは日本人同様、日本の学校に「就学義務」があるとして、朝鮮学校閉鎖令を出し、東京には都立朝鮮人学校などをつくる。練馬区の中学校に勤務していた梶井陟は、都立朝鮮人学校への日本人教師募集を知って、給与が三号俸上がること、そして別に朝鮮語を知らなくても勤まると思って応募する。やがて二三歳の若さで五〇年四月に都立朝鮮人学校に赴任するが、そこには民族教育、民族学校を否定されながらも、民族・祖国・朝鮮の歴史を必死に学ぼうとする「在日」の若者が待っていた。当然、梶井は敵意と憎しみのるつぼの中であたふたとするが、やがて生徒の熱情を理解し始め、詩人の許南麒《ホナムギ》や文学者の李殷直《イウンジク》などを講師に招いて、朝鮮語学習会を開くようになる。

朝鮮人学校をめぐる政府の施策が右往左往し、また在日民族組織・日本の保守勢力・日本の教員団体などの間で軋轢・葛藤が深まるなか、神奈川県の横須賀市立諏訪小学校分校で騒ぎが起こる。六年生の唱歌の時間に日本人女性教師が教えた日本語の歌を、朝鮮人男子生徒が「敵の歌を唄うな」と授業を拒否、騒動となる。日本人教師にとっては単なる唱歌の授業であり、たまりかねて「そんなことをいうならあなたが朝鮮へお帰りあそばせ」とたしなめてしまう。童謡や唱歌、わらべうたは日本の伝統や文化ではごく親しみやすいものであるが、しかしそれは政治や歴史が違えば、異なった意味合いをもつことになる。梶井は言う。「小学校の時の唱歌の多くは、いまでもわたしたちがそっと口ずさんでみたくなる親しさをもっているけれど、だからといってそれが、だれにとってもスバラシイ歌だったということにはならないだろうし、まして日本人と朝鮮人の歴史体験を無視して「いつものことだと思ってオルガンをひきつづけた」という先生の姿勢そのものに、同じゆがめられた時期の朝鮮人教育にたずさわったもののひとりとして、わたしは強い疑問を感じる」と。日本語そして朝鮮語をめぐる緊張関係がまさに極大化したことになるが、梶井はその後、都立朝鮮人学校を離れたあと、「朝鮮をもっと確かめたい」という気持ちを強くもつようになり、朝鮮語の学習を生涯の課題として選択する。「朝鮮とのつながりを保ち続けるためにはこれしかない」、「朝鮮語を自分の朝鮮への道として選ぶ」という覚悟であったが、事実、梶井はのち一九七八年四月、富山大学人文学部に新設された朝鮮語・朝鮮文学コースの主任教授として赴任する。

当時、「在日」の多くの若者、二世が朝鮮語に目覚め、胸をときめかせて学んだことについては夥しい数の記録物がある。ここではそのひとつとして、韓国系の民族学校で小学生だったある女生徒の文章を紹介しておきたい。大阪の建国小学校で学んでいたその少女は二年生のとき初めて韓国に修学旅行に行く。人生最初の母国訪問であるが、日程の最後に別行動で親戚宅を訪れ言葉が通じないことに愕然とする。「祖国に旅行していながら、母国語で満足に通じない。……それは、いま、思い出しても悲しい事だと思います。……この次に来る時は、母国語くらいは、自分のものにしてくる、そんな思いで日本行きの飛行機に乗りました」と、のちに述懐する（「生徒作文集」、『白頭学院創立四〇周年記念誌』一九八七年）。

四　在日朝鮮人文学における日本語論議

「在日」にとっての日本語と言えば、それは在日朝鮮人文学でもっとも議論された問題である。日本語とはどんな言葉なのか、日本語と朝鮮語の違いは、日本語で書くということの是非は、日本語で朝鮮や在日朝鮮人のことを表現できるのか、といったことである。

飯沼二郎と鶴見俊輔が出した個人雑誌『朝鮮人』の第七号（一九七二年三月）に「日本語は日本人のものか」という面白い特集がある。「ニホン」や「ニホンジン」を問い直してみるために、「日本語は日本人のものか」という問いを作ってみたという。そしてこの問いを、日本に住み、日本語を使っている朝鮮人に投げかける一方、日本人にもこれとは別に問題を考えてもらおうとしたという。ここでまず問題は、外国語、たとえば英語と日本語の違いである。英語で書く、あるいはしゃべるということは、書かんとすること、あるいは言わんとすることを、できるだけ明確に相手に伝えようという努力の積みかさねとして発展してきたはずだという。ところが日本語は、それと、ちょうど逆の方向に、すなわち書かんとすること、あるいは言わんとすることを、できるだけ不明確に相手に伝えようという努力の積みかさねとして発達してきたように思われるという。つまり、コトバのもつ〝論理〟構造の問題であるが、英語は、できるだけ論理的に書き、かつ、しゃべろうとしているのに対して、日本語は、できるだけ非論理的に書き、かつ、しゃべろうとしているようである。「一つの共同体にぞくしていることの資格は、非論理的な表現方法でも、すぐにわかるところにある。仲間だけにわかる表現方法、それが、お互いが同じ仲間であり、同じ共同体の成員であることを証明する」。そして「日本語は、異民族とほとんど接することなく数千年間、暮しつづけた結果の産物なのだ。……英語は異民族を招きよせるが、日本語は異民族を強く拒否する」と……。実際、私が考えてみても、日本人の考え方を反映してか、日本語は主客未分化で、主語・目的語も相当に曖昧な言葉ではないかと思う。

ついで「朝鮮人と日本語をめぐる二人の在日朝鮮人の対話」と題して、先に触れた作家の呉林俊と高史明《コサミョン》が話をしている。呉林俊は一九二六年に朝鮮慶尚南道で生まれ、三〇年に渡日、朝鮮語と日本語が話せる。高史明は三二年に山口県下関市に生まれ、朝鮮語は話せない。呉林俊にとって日本語は「自己に血肉化されたもう一つの言語として、カッコづけしつつ愛しているというか没入しているというか、……しかもその言語は、それを使うことによって在日朝鮮人である自己を意識せざるを得ないような断絶された世界に導くし、その断絶というのも、きれいに断絶されているのでなく、混とんとした」ものである。「つまり朝鮮人でありながら朝鮮語が外国語であって、日本語は本来、外国語でありながら実は自分の肉体に書き込まれた文字であり、その文字をとおして内面の世界を書かざるを得なかったわけです。だから「知らない言語」をとおして自己を奪還し、朝鮮人の主体性を追求していくという問題……」。これに対して高史明は、ずっと日本で育ち暮らして「日本語しかできないことは、一種の必然ではなかったか」と言う。それでも、「朝鮮語が母国語であるということはあとから来る。これはなかなか理解されにくいことかもしれませんが、ぼく自身、朝鮮人であるという意識がなくなったことは一度もないのですが、そいつを考えるコトバは日本語であって朝鮮人のコトバでないということを意識するのは、ずっとあとになってくる」。そして「……正直いって、こうしたらいいという答えが、ぼくにはない」と。

言葉には幼少期の記憶や故郷、伝統、文化、そして普段の生活習慣などがまとわりついてくるものであるが、日本語を母語とする世代は、日本語を死ぬまで切り捨てることができないままに、厳然として朝鮮あるいは祖国といったものがあり、それを実感するとき、朝鮮語は母国語として認識されるということであろう。そこから日本によって奪われ、屈従を強いられる主体性を奪還しようとするときでも、多くは日本語で思考し、表現していかざるを得なくなる。呉林俊曰く、「(そうした状況で)民族的主体性を確立するため朝鮮語を習うということに異議をとなえるつもりはないですが、在日朝鮮人が背負っているところの各個人の内部を通過した日本語を、もうすこし考えていかなければいかんのじゃないか。日本語が単なる言語体系としてでなく、朝鮮と日本との重いのめり込みや、ドロドロしたからみあいを煮つめていって、そこから一つの突破口が出てくる可能性があるかもしれない。そこに文学の必要性があると思うんです」と。

もう少し、呉林俊の言葉を引用しておきたい。「言語というのは三歳か四歳までにだいたい完成されてしまう。体系としてではなく肉感として。……たとえばぼくなんかでも、悪口とか直接的にポッと出てくるコトバは朝鮮語なんです。「イテテッ」というコトバは普通に使ってるんですが、どこかしらで痛い場合は、「アプダ」という。それは純然たる朝鮮語だ。おぼえもなにもしないのに戻っている。……「原質としての朝鮮」というものがあればこそ、なにかの機会に朝鮮語が噴出しフットウし、それが一つの自己の民族を自分の心の中に奪還していくことにもなるんでしょうね」と。

それに対し、高史明は、「そのへんは、呉さんとぼくらの時代と相違があると思う。痛いときには、ぼくらは日本語で「イタイ」という。ぼくの場合、悪口にも朝鮮語は出てこない。直接的、本能的に出てくるコトバは、ぼくの場合は、日本語になる」と応答している。もっとも私の場合で言うなら、大学を卒業する前後から母国語を学び始めたが、以後数十年間、朝鮮語を学び、韓国にも何十回も行ったせいか、「原質としての朝鮮」ではなくとも、とっさのときに朝鮮語が飛び出すことはままあることである。ただそのことは別にして、呉林俊が高史明の創作について述べていることを書き留めておきたい。「だから、高史明は日本人に訴えるために小説を書いているとは、ぼくは断じて思わない。高史明の小説はあくまで、自己に対する徹底的な問いかけ――つまり地獄落ちをして来た人間が地獄へ落ちるということをわかっていても、なおそこを通らねば自国の言語の奪還をはかれないような人間の、内部からの自己に対する告発であると同時に、そのような言語を通じて、日本帝国主義の一皮も二皮もむいて、一つの人間の連帯をつかもうとする文学じゃないかと思うんです」。

雑誌『朝鮮人』の特集では、もう一つ、飯沼二郎と鶴見俊輔の対話が掲載されているが、ここでは、鶴見の短い発言だけを引用しておきたい。「在日朝鮮人が日本語で書くことによって、非常に卑屈な日本語の使い方をしてしまうという状況に、巻き込まれて危険はあると思うんです。その危険に気がついて、もう一度、晩学でもなんでもいいから朝鮮語を学習していく。自分のなかにある精神のバネをつくろうとする。それは、自律の方法として適切なことです。だけど、そこからもう一度ふたたび日本語を書きはじめるときに、新しい道はありうると思うんです」と。いささか引用が多くなったが、いずれにしろ、日本語そして在日朝鮮人文学を考えるに際しては重要な論点ではある。

ところで、金壎我《キムフナ》著『在日朝鮮人女性文学論』（作品社、二〇〇四年）は在日女性文学について論じたすぐれた本であるが、在日文学の発展段階についても的確な指摘をしている。三つの世代区分では、まず戦後から一九六〇年代半ばまでを第一世代とし、代表的な作家として金達寿《キムタルス》や許南麒、李殷直などをあげている。日本語と朝鮮語の両方を使った世代であり、日本語作品の場合には、ときに不自然な表現や比喩があったとしても、日本語の表現の可能性を広める特徴をもったとしている。第二世代は、日本での定住化傾向が現れ始めた一九六〇年代以降を中心に活躍した作家で、金時鐘や金石範、金泰生《キムテセン》、高史明、金鶴泳《キムハギョン》、李恢成《イフェソン》などがあげられるという。日本の中で朝鮮人として生きることの葛藤と民族的アイデンティティの模索を主として描き、日本文壇の中で「在日朝鮮人文学」という言葉が通用するようにもなった。彼らの場合、第一世代とは異なり、日本語はもはや選択ではなく、唯一の表現手段となり、帰還不能の祖国そして民族のあり方を凝視しながら、各者なりの苦悩と抵抗を通じて民族的アイデンティティ構築の難題に取り組もうとした。

第三世代の出現は一九八〇年代の李良枝《イヤンジ》や李起昇《イギスン》の出現から始まり、柳美里《ゆうみり》や玄月、金城一紀などの今日につながる作家を指す。深沢夏衣や金真須実、鷺沢萠、それに最近の黄英治《ファンヨンチ》や姜信子、李《イ》龍徳《ヨンドク》、崔実《チェシル》などもここに入ると考えてよい。第二世代と同じく民族語での創作は不可能で、世代交代により民族文化をも喪失したことが前提になりがちである。第二世代では葛藤の中でも民族への帰属は揺るぎないものであったが、第三世代ではそうした意識も薄れていき、民族意識の希薄さに複雑な感情を覚えることも少なくないようである。民族的アイデンティティとは別のアイデンティティを探究したり、「祖国」との関係よりも、日本と在日社会との関係に関心を示したりする。ある意味で、在日朝鮮人文学の概念や定義を根本的に再検討する必要が生まれてもいる。

私も『「在日」の精神史』（全3巻、岩波書店、二〇一五年）で在日文学についてかなり詳細に論じたことがあるが、在日文学であるかぎり、日本語と朝鮮語の緊張関係は形を変えながらも続いている。日本語でしか書けないからといって、朝鮮・朝鮮語との葛藤から自由であるわけではない。つまり「在日」のアイデンティティはさまざまな要素をもった複合的なものであるとしても、何よりも自らの出自・来歴を確認しようとする歴史への省察が重要な意味をもつ。出自・来歴を朝鮮半島だと意識し、日本の朝鮮侵略の真実を自覚する方向に向かうかぎり、「民族性」を帯びた在日文学は終焉を迎えることはなく、日本と朝鮮の不幸な関係を清算するためにも、「抗い」「ともに生きる」道を模索し続けることになる。私がむかし、作家の梁石日《ヤンソギル》からもらった本の中に詩集『夢魔の彼方へ』（ビレッジセンター出版局、一九九六年）というのがある。たった一三篇だけの詩集であるが、そこに綴られた日本語は、在日朝鮮人二世として受苦せざるを得なかった被造性、闇の底から立ちのぼる魂、つまり「夢魔」の声そのものであった。そこに詠われた詩は、植民地時代および分断時代の民族史の暗部を鮮明に刻んだ胸迫るものであった。

その点、「民族の回路」を経ない「市民」とか「コスモポリタン」は、「在日」にとってはいまなお主体になりにくい概念であると考えられる。言い換えれば、在日文学は今日に至るまで民族・祖国の問題と切り離されてはおらず、また日本語と朝鮮語をめぐる主体としての揺らぎが消え去ったわけではない。

五　金時鐘と金石範、日本語との闘い

在日文学史といったものを考えるとき、金時鐘と金石範は在日文学の代表的作家であると同時に、日本語で書くことに逡巡し、日本語との闘いに情熱を燃やしてきた。金時鐘も金石範も朝鮮語を話すが、創作のほとんどは日本語で書いた。「皇国少年」だった金時鐘の場合、敗戦・解放を契機に「朝鮮人」への転生をはかる苦しい道のりを歩み始める。済州島「四・三事件」に直接関わって日本に密航し、大阪・猪飼野での生活の中で同胞民衆を凝視し、自らもその一人として生を営む。やがて仲間とともにサークル詩誌『ヂンダレ』を創刊し、詩作に励んでいく。民族組織の総連が「朝鮮語で書くべきだ」という方針を出していたなか、金時鐘はまもなく、総連・共和国のあり方に反旗をひるがえし始め、病魔におかされながらも一九五五年にかろうじて第一詩集『地平線』を刊行する。その「自序」にはこう詠われている。「自分だけの　朝を／おまえは　欲してはならない。／照るところがあればくもるところがあるものだ。／崩れ去らぬ　地球の廻転をこそ／おまえは　信じていればいい。／……」。

日本語で詩を書く金時鐘にとって、「抒情論」はきわめて重要なテーマであった。かつて学んだ小

学唱歌や童謡、抒情歌など、統治する側の驕りをもたない歌が、言葉の響き性（音韻性）としてすっかり体に居着いてしまっていたなかで、金時鐘は、日本でいう抒情に背を向け、また支配語であった日本語に違和感を持ち続ける。解放後もなお思考と感情を規制するコードとなって自らの内に住み着いている日本語、しかも日本語で書くことを余儀なくされるという事態の中で、金時鐘にとっては、日本語のもつ抒情性と対峙することは、「在日」として、人間として、必須の闘いであった。そうした煩悶の中にあった金時鐘はやがて、偶然にも小野十三郎の『詩論』（真善美社、一九四七年）と出会い、日本近代詩に特有な「短歌的抒情」の否定という詩作法を学び取っていく。それはそのまま、「私という人間の下地を敷きつめた自分の日本語への、私の報復ともならねばならないもの」であった（前掲『朝鮮と日本に生きる』）。ここで金時鐘の言う「短歌的抒情の否定」が目ざすのは、日本語による詩作を通じて言語を内側から変質させることによって「短歌的抒情」を解体し、それにより反抒情的な抒情としての「まみれても垢じまない抒情」を創出することであった（呉世宗『リズムと抒情の詩学――金時鐘と「短歌的抒情の否定」』生活書院、二〇一〇年）。

さて、金石範の場合は、「なぜ日本語で書くか」についてより集中的な考察をすすめた。一九七二年に出版された『ことばの呪縛――「在日朝鮮人文学」と日本語』（筑摩書房）には、「民族の自立と人間の自立――いま私とは何か」、「言語と自由――日本語で書くということ」、「「なぜ日本語で書くか」について」、「日本語で書くことについて（座談会）」、「「在日朝鮮人文学」の確立は可能か」などの各章があり、日本語そして朝鮮語をめぐる問題を日本の朝鮮支配、そしてそこから起因する

「在日」の主体の問題と関わって論じている。日本語で書かれる「在日朝鮮人文学」は日本語のメカニズムから自身を解放する根拠は何かを探る必要があるとし、その「自由」になる条件が自由を拘束するはずの日本語そのものの中にあるのだと主張する。ここで「主体」とは、日本が過去に支配者であり、いまもなお抑圧的だということの中において、受け身に立つ側の人間としての問題であるという。「人間の存在が言葉と切り離せず、また言葉が衣食住に劣らぬその民族の存在様式を規定するものならば、言葉の問題はつねに民族的な問題の核心的な位置にあるといえる」。多くの在日朝鮮人の意識で言語構造がほとんど日本語に依っている現実において、たとえ朝鮮語を使えるとしても、その朝鮮語は日本語的な朝鮮語とも言うべきものである。その上、在日朝鮮人の意識は大部分日本語によって形成されており、作家が朝鮮語で小説を書くというのは事実上難しい。朝鮮語が母国語であって、日本語は外国語であると見るためには、我々の内部に客観的な場がなければならないが、実際には日本語しかなく、日本語それ自体、客観視できないという矛盾を抱えている。つまり「自己と日本語の間における関係というもの、その関係をほんとうによく見るためには、自分のなかに朝鮮語をもっているのにこしたことはないけれども、しかしかりに朝鮮語がなくても、在日朝鮮人という主体的な自覚はある……」と。

「在日」であるかぎり、日本語と朝鮮語の緊張関係から逃れることはできないが、朝鮮語をそれでも知っていれば、日本語も朝鮮語も、そしてその間の緊張関係をもある程度理解しやすくなり、その間で揺れ動く主体である自分自身をより明確に自覚することができるはずだ、ということだろう。

それは、朝鮮語を知らなくても日本語で小説は書けるが、そこにどう朝鮮的な感覚とか、大衆、そういうものを反映させられるのか、まさに朝鮮人の主体の確保、自由の獲得の課題につながる、ということである。「端的にいって自らの風化を食いとめる一つの方法は、つねに日本語と自分との関係を朝鮮人としての他者の眼で見つづけることであろう。そしてその風化への歯止めとしての、日本語を相対的なものとして客観視する場としての朝鮮語を自らの内部に持つことができない代りに、少なくともそこに重要に提起されるべきは思想のことである。朝鮮人としての主体的な存在意識によって生れる思想に支えられた自己が日本語とかかわりあうとき、そこに緊張が生れうる。……少なくとも朝鮮人としての主体意識がその緊張を持続させうるということだ」と。ここから、「単に「朝鮮人」という名のついた人間が書いたからといって、それがそのまま独自の「在日朝鮮人文学」にはならない」という言葉が出てくるが、このことは逆に言えば、在日文学において第二世代から第三世代へと移行する可能性を展望させてくれる。

金石範と言えば、済州島「四・三事件」を背景にした『火山島』の執筆がすぐさま頭に浮かんでくる。それは日本語を使う他者、被抑圧者として、どう日本語を打ち壊していくのかという問題と闘うことであった。日本語の壁をどのようにして壊し、あるいは超えるか、という生涯をかけたテーマである。「日本語の持つ音や形や、日本語が持つ、伝統的な言葉の情感や表象……。それは日本の作家にとっては日本的なものであり、日本の伝統であるかもしれないが、朝鮮人の作家の場合、逆にそれが自由や主体を奪う。朝鮮人作家が、日本語の呪縛をどう取り去るのか。ゲリラが敵の武器を自分の武器にして闘うようなものです。日本語に依りながら、日本語を超えるということ。何を超えるのか。それは、文学の言葉として超える、つまり普遍性ということです」(『世界』二〇一九年七月号)。それは金石範自身の言葉をもう一度借りるなら、実際の体験だけではない「文学的想像力」によって、「普遍性」を追求することである。「日本語を超えた開かれた世界」、「個を通して普遍性」(青山学院大学文学部日本文学科編『異郷の日本語』社会評論社、二〇〇九年)をめざすことである。

六　夜間中学で日本語を学ぶオモニたち

日本語を超えて普遍性を追求する、というのは、よほど日本語を知っている在日作家の話であるが、在日史をひもとくと、日本語を知らないで苦労したという「在日」が多かったことがわかる。渡日して異郷をさ迷った多くの在日民衆であるが、日本語を知らないことからくる不便さ、被差別、屈辱をはねのけて何とか日本語を学び、普通の暮らしをしたいと励んだ人たちが少なくない。言わば、日本語を学ぶことによって、日常の境界を越え、生きることの喜びを得ようとした人びとである。在日史においてそれを象徴するのは「夜間中学に学ぶオモニたち」という言葉であろう。実際、そうしたオモニたちが残した自叙伝の類は多くあるが、そこでは夜間中学で日本語を学んだ履歴がのこされ、また修得した日本語で自分史を語ったものが少なくない。

夜間中学はもともとは、日本敗戦後の混乱した社会状況の中で学校に行けない子どもたちのために開設された。一九四七年に大阪から始まったというが、全国に設立された夜間中学の数は一九五四年にピークに達し、当時、学校数八七、生徒数五〇〇〇人を数えたという。ただ「在日」のオモニたちが夜間学校に行くようになるのは少し時代が下ってからで、代表的なのは大阪市立天王寺中学校夜間部であろう。一九六九年設立、大阪府内で最初の公立夜間中学校であった。日本語をうまく話せるオモニたちは日本人の知人・友人も多く、生活や仕事にそれほど支障をきたさなかった。それに対し日本語をよく知らないオモニたちは知人・友人にめぐまれず、生活や仕事にも大きなハンディを背負うことになった。買い物をしても釣り銭が計算できず、バスや電車に乗っても行き先が読めず、駅の販売機で切符を買うのもままならなかった。外でする掃除の仕事なども、たとえば旅館やホテルでの掃除の手順書が読めず、「危険な場所」「立入禁止」と書いてあっても意味がわからなかった。区役所や病院で名前や住所も書けず、子どもが学校から持ち帰る連絡の書面もわからなかった。人並みに外出することができず、歌謡曲の歌詞も読みにくく、オロオロするばかりの毎日であった。

「在日」の小雑誌に『季刊ちゃんそり』というのがある。その創刊号（一九七九年九月）に李銀子《イウンジャ》が自分のオモニのことについてこう書いている。「オモニたちは耳で日本語をおぼえた。ここは絶対的多数の日本人の住むまちだ。〈コトバ〉をしゃべれないということは、そこでの生活を拒絶されることだ。黙々と働き、自分たちの息のできる空間を探す。それは、並たいていのことではなかっただろう。……しゃべれない、読めない、書けない、ということは、今日食えるか、明日食えるかの問題だ」と。

夜間学校に通ったオモニたちは、そのほとんどが学齢期に就学した経験をもっていなかったという。日本語がおぼろげであるだけでなく、朝鮮語もおぼろげなままに歳を重ねていくふがいなさ、そこで発奮して夜間学校に通い始めるオモニたちの執念はすさまじく、教室には熱気があふれたという。平均年齢は五〇歳を超えていたというが、オモニたちが残した自叙伝を見ると、六〇歳を超えて学校に行き始めたオモニも少なくなかった。教わる者、教える者、ともに侵略と差別の歴史と構造に向きあい、朝鮮人として、あるいは日本人として生き直していこうとする営みであったと言える。

七　日本人の朝鮮語学習

「在日」にとって日本語は母語のような位置づけであるが、日本人にとって朝鮮語は外国語を学ぶことである。しかしそれは単なる外国語ではなく、かつて侵略し、多大な被害を与えた国の言葉である。現在のようなグローバル化の時代、多くの日本人が軽やかに朝鮮語（韓国語）を学んでいるかのように見えるが、そこには癒しがたい歴史の重みがある。敗戦後の日本で、「在日」が治安の対象とされ、朝鮮語が主として警察や自衛隊で使われていたとき、朝鮮・朝鮮史に関心をもった梶村秀樹は、「日本語で出来ている自分の頭の中にある世界ないしイメージと、朝鮮語によって語られる言葉の中にあるイメージ、世界というものが違うんではないのか、ということに気づいて驚きを感じた」と述べ、朝鮮語、そして朝鮮史、在日史の世界にのめり込んでいく(『梶村秀樹著作集』第1巻、「朝鮮史と日本人」、明石書店、一九九二年)。

先に述べた森崎和江は、誕生後一七年間朝鮮で暮らしたが、日本語は共通語の「標準語」しか知らずに育ち、日本に帰ってからは、労働者と農民、知識人と民衆、中央と地方、男と女などをめぐる断層と亀裂に悩み始め、徹底した自己否定によるアイデンティティの再生が必要だと感知していく。植民者二世としての原罪意識から、自分の鋳型である朝鮮を語ることは重たく、思うこと自体、はばかれた。朝鮮戦争の特需で日本中が沸き立つなか、森崎は一九五二年に福岡県久留米市で結婚して翌年、出産。まもなく東京で大学生だった弟がひょっこり現れて沈黙がちに言葉をかわすが、「ぼくにはふるさとがない」と言い残して、自殺してしまう。弟の死後、森崎は、諸方をさ迷いながら、「日本」という自民族の中に閉ざされることは個体の思想を腑ぬけにしていくものでしかなく、個体的責任がどこかで抜け落ちることでしかないと、自覚を深めていく。それから十年余を経て森崎は筑豊の炭坑町で、ようやく朝鮮語を学び始める。ハングルの一字一字を書いて壁に張るが、「それでもまだその文字も、民族語も、日本では外国語ではなかった」。ある日、長女が小学校から帰ってきて、友達のきくちゃんが朝鮮人学校に転校すると伝え聞く。

「きくちゃんは線路の向こうのホルモン焼き屋の娘で、私の長女の、混血のクラスメート。父親は在日朝鮮人、母親は日本人の家庭だった。……きくちゃんは汽車通学するのよ、朝鮮人学校に行くのよ、と娘が言う。早速私はきくちゃんにお願いした。学校で習ったことばを教えてね、と。きくちゃんは元気よく私宅へやってきて、その日習った民族語を教えてくれる。……私は彼女の学校の先生の自宅を、或る日おたずねした。朝鮮語を教えていただきたいとお願いした。そしてことわられた。その固い視線は、植民地支配当時以来、一向に変わらぬ日本人の民族観を反映していた。重ねて朝鮮動乱で漁夫の利を占めて、生産復興へ向かった日本の無節操さへの批判を」。いずれにしろ、こうして森崎の「独学めいた贖罪の月日」が始まる（森崎和江『愛することは待つことよ——二十一世紀へのメッセージ』藤原書店、一九九九年）。

一九六〇年代、七〇年代と、日本で少しずつ朝鮮語の学習が広まっていく。韓国での民主化運動に対する進歩勢力の呼応もあって、日本人のうち最も良心的な人たちが朝鮮語を学び始めたと言ってよい。ちなみに労働組合運動に専念し、やや遅れて詩作活動を始めた詩人の吉野弘が、朝鮮語を学び始めたのは七四年頃のことである。同じく詩人の茨木のり子が朝鮮語（ハングル）を学び始めたのは七六年、五〇歳のときだという。茨木のり子の場合、最愛の夫を亡くしたあと、新しく生き直すためにも朝鮮語を学び始めたという。「隣国語の森」という詩で詠う。「森の深さ／行けば行くほど／枝さし交わし奥深く／外国語の森は鬱蒼としている／昼なお暗い小道　ひとりとぼとぼ／……／日本語がかつて蹴ちらそうとした隣国語／ハングル／消そうとして決して消し去れなかったハングル／ヨンソハシプシオ　ゆるして下さい／汗水たらたら今度はこちらが習得する番です／……／あらゆる努力を払い／その美しい言語の森へと入ってゆきます」。

茨木のり子が一九七六年にハングルを学び始めたのは、新宿・住友ビルに発足した朝日カルチャーセンターにおいてであった。きちんとした教育施設で、しかもそこで出会った金裕鴻《キムユホン》を師として。めぐまれていたとも言えるが、そのように朝鮮語を学べるまでになるには、日本各地で涙ぐましい努力が積みかさねられてきたことを忘れてはならないだろう。そして茨木は一九八六年に『ハングルへの旅』（朝日新聞社、のち朝日文庫）を刊行し、九〇年には翻訳詩集『韓国現代詩選』（花神社）を出す。韓国の詩に〈生きる〉ことを発見したとも言える。一九四五年二月に福岡刑務所で獄死した、愛惜きわまりない民族詩人・尹東柱《ユンドンジュ》の『空と風と星と詩』にも強く惹かれたようであるが、それは夫亡き後の人生の後半期、魂の深みへと回帰していく旅であったのかも知れない。

マダン劇（広場での民衆演劇）を通じて「在日」の民衆文化運動を展開した梁民基《ヤンミンギ》（一九三四－二〇一三年）は、自らの文化を創り出すのに情熱をかたむけた。「あの解放の日に父母たちが農楽をくり出して恨（ハン）を晴らしたように、「夜学」を建てるために朝鮮人部落をまわり、朝鮮戦争のさ中にも銃を手にとる思いで、胸をかきむしりながら農楽隊をくり出していったように」。その梁民基は、朝鮮人であれ、日本人であれ、朝鮮語を学ぼうとする若者を精一杯手助けした。ある日本人女性が「梁民基先生は朝鮮語の恩師」という文章を残している。一九七〇年代のこと、「大学では『外国語』として英語やフランス語やドイツ語などの欧米語ばかりを勉強するが、朝鮮人から朝鮮語を奪った歴史を持つ日本人として朝鮮語を学ぼう」と集まった少数の学生がいた。ごくわずかではあるが、「朝鮮語自主講座」なるものがいくつかの大学で開かれ始めた。「週に一度の夕刻、京都大学文学部の教室を借りて、朝鮮語自主講座を運営していたのです。講師は、京都在住の在日朝鮮人二世の梁民基先生でした。書店で売られている朝鮮語のテキストと言えば大学書林の『朝鮮語四週間』だけ、辞書も売っていない、そんな時代でしたから、梁民基先生は毎週、ご自身で手書きのテキストを作成して、それをコピーして、配ってくださいました。梁民基先生に講師代として月に五〇〇円払っていたような、払っていなかったような……。コピー代も梁民基先生に払った覚えがありません。コピー一枚が三〇円か五〇円していた時代のことです。梁民基先生は無償どころか持ち出しで私たちに朝鮮語を教えてくださったのです。梁民基先生自作のテキストに書かれた伸びやかなハングルの字体が今も瞼に浮かびます」（市場淳子「梁民基先生は朝鮮語の恩師」、『みずからの文化を創りだす――梁民基記録集』梁民基記録集編集委員会、二〇一二年所収）と。

こうして市民運動の形で朝鮮語学習がしだいに広がっていくなかで、NHKが朝鮮語講座をつくろうとするが、「朝鮮語」か「韓国語」かという、南北の分断を反映した呼称問題などで紛糾し、それが「アンニョンハシムニカ　ハングル講座」の名称で開始されたのは、一九八四年四月のことであった。テレビが会話中心、ラジオが会話と講読であった。「ハングル」は朝鮮王朝の第四代国王の世宗《セジョン》大王によって「訓民正音」として公布されたものであるが、しかしハングルは言語というよりは、あくまで言語を表記できる表音文字であることを知っておく必要がある。

八 「在日」の母国留学

一九七〇年代以降、日本の経済成長とあいまって「在日」の世代交代が進行していくが、それでも「在日」の若者の多くは民族と祖国を忘れないでいた。そこでは総連系の民族学校が重要な役割を果たしていく。実際、朝鮮高校、朝鮮大学校出身者が話す朝鮮語は南北本国のそれとは違うバリエーションではあったが、精神形成・思想形成の面では中軸的な意味をもっていた。そして一九八〇年代以降のことと言ってよいが、民族学校で朝鮮語を学んだ若者が韓国に渡って勉学にいそしみ、あるいは伝統文化を学んでもいく。もっとも、それ以前、一九七〇年代にはすでに祖国・韓国に行き民族的アイデンティティを得ようとする若者が少なからず出始め、「在日韓国政治犯」という悲劇も起こる。そして一九八〇年に入ると、在日文学で言えば第三世代に属する李良枝が韓国に留学したりもする。

李良枝について述べる前に、ここでは「猪飼野」の二世詩人・宗秋月《チョンチュオル》のことについて少し触れておきたい（本書I—四も参照）。宗秋月は一九七一年に『宗秋月詩集』（編集工房ノア）を刊行するが、それは在日朝鮮人女性詩人の草分けとなっただけでなく、それまで男性作家によって独占されていた在日文学における女性作家の出現を意味することになった。済州島出身の両親のもと、佐賀県小城郡（現・小城市）で生まれた宗秋月は、中学校を卒業しても、当時「金の卵」と称され、企業が仕立てていた集団就職の列車に乗ることも拒まれ、やむなくたった一人で夜汽車に乗って大阪の猪飼野に辿り着く。朝鮮人密集地の生活に溶け込めず孤独にさいなまれる日々を送るが、やがて仕事の合間にトイレの中や、住み込み部屋の布団の中で詩を書き始める。「詩を書くようになったのは、故郷の佐賀弁が猪飼野では認知してもらえなかったからだという。声を発する代わりに、両親への思いや猪飼野での生活ぶりを文字に封じ込めるようになった」（金壎我、前掲『在日朝鮮人女性文学論』）という。男性作家が儒教的・家父長的色彩を色濃くもち、国家や民族、政治、歴史などを語ってきたなかで、文字を書くことすらままならなかった在日女性の中から「言葉の制服を着ない」（鶴見俊輔「詩集の発刊によせて」、宗秋月『猪飼野・女・愛・うた』ブレーンセンター、一九八四年所収）、暮らしの中から湧き立つ感情や心象風景を作品に込めた宗秋月の詩が登場したのである。

さて、一九八〇年五月に李良枝は韓国に留学する。まさに「光州民衆抗争」のさなかであり、それは日本語と朝鮮語をめぐる主体の揺らぎを如実に示す人生模様を見せ、また在日文学第三世代の出発を意味することになった。李良枝は一九五五年、山梨県生まれ、両親の日本「帰化」によって日本国籍をもつことになる。高校在学中は日本舞踊、箏曲、華道などを習い、琴の師匠になることを夢見る。しかし、両親の不和、離婚裁判などで何度か家出を繰り返して、京都に行き、古い観光旅館に住み込む。朝鮮人であることは秘密にしたままであったが、旅館の主人のはからいで府立鴨沂（おうき）高校三年生に編入学する。そこで日本史担当の教師との出会いを通して民族の問題に目を向け始める。「自分の民族や自分の身体の中に流れている血、あるいは精神的な主体性つまりアイデンティティーの根拠というもの」（李良枝「私にとっての母国と日本」、『李良枝全集』講談社、一九九三年所収）を模索していく。

卒業して東京に行き、李良枝は在日同胞雑誌『季刊まだん』で朝鮮語を習い始め、自分の名をイ・ヤンジと読むことを知る。七五年に早稲田大学社会科学部に入学。一学期で中退。韓国の琴とも言うべき伽倻琴（カヤグム）と出会って魅了され、韓国舞踊も習い始める。池成子《チソンジャ》に師事する。七五年、二〇歳のとき、高文研刊の『考える高校生の本6　青空に叫びたい』に「わたしは朝鮮人」という手記が収録される。以後、冤罪事件として知られる「丸正事件」の主犯とされていた李得賢《イドクヒョン》の釈放運動に参加するなど、朝鮮人としての自覚を深めていくが、同時に在日同胞の若者がそれぞれの〈朝鮮〉を抱え、生き方を模索しているなか、建前やスローガンだけを口にしている自分の生き方に懐疑心を覚えていく。

李良枝は『季刊三千里』第一九号（一九七九年八月）に手記「散調の律動の中へ」を発表する。「散調（サンジョ）」とは伽倻琴の独奏曲のひとつである。「思えば今日まで私は、安定した息づかいというものをしたことがない。じっと息をおし殺して辺りを窺っているかと思えば、はあはあ息をきらして何かに哀願している。……本当の貧しさを知らない自分、知らないことの恥しさ。「活動家」にも成りきれず、泥臭い生活の体験も持たない私は、どうにも中途半端な自分の不格好さがいやでならなかった。……皮相な階級意識で図式化してしまうことのできない民族の問題、いや問題と書くこと以前に体の中をつっ走る憤激やいらだたしさ」。

そうして韓国に留学した李良枝は本格的に伽倻琴独奏やパンソリ（語り歌）の弾き語りを習い始め、土俗的な巫俗舞踊に出会って衝撃を受ける。ソウル大学の予備課程を一年経てソウル大学国語国文学科に入学するも、すぐに休学届を出して、日本に戻る。ソウルの下宿で書き上げた「ナビ・タリョン」（嘆きの蝶）が『群像』に載ったのは一九八二年十一月のことであった。華麗なデビューのあと、「かずきめ」「あにごぜ」「刻」「由熙」などを発表するが、その間いったんソウル大学に復学し、八八年に卒業する。復学したのは、「やはり踊りの修行を続けたかったし、また母国語を十分にこなせないのに日本語でものを書く暮らしを続けることに、ある種の限界と不満を感じていたから」（前掲「私にとっての母国と日本」）だったという。九二年五月、三七歳で急性心筋炎のために逝去するが、その後、単行本『石の聲』（講談社、一九九二年九月）が刊行される。

李良枝は日本語と朝鮮語（韓国語）の間を綱渡りした。李良枝にとっては、日本語はあくまで母語であり、朝鮮語は母国語として認知されていた。李良枝文学は、この、二つの国、二つの言葉に引き裂かれながら、懸命に生き抜こうとした魂の証しであり、民族、分断、家族、言語、伝統芸能など、さまざまな問題に立ち向かった記録である。「在日」であることに苦しみ、母国留学で新しい自分を育み、確認しようとしたのは、在日三世以降の次の試みであったともいえる。在日文学で言えば、政治やイデオロギーから逃れられなかった一世、二世の男性作家に代わる「第三世代」の登場ともいえ、そこでは、政治に代わって伽倻琴や踊りなどの伝統文化や母国語を学ぶことによって、個として民族そして祖国に向きあおうとする姿勢が強くにじみ出ている。

しかし、「彼女の韓国行きには祖国回帰という積極的な意志とは裏腹に、身の置き場を見出せない日本からの〈逃げ〉という逃避願望が同時に働いていた。……〈逃げても逃げても逃げられない〉苦境の日々」（前掲『在日朝鮮人女性文学論』）だったというのも、確かであろう。小説「刻」（初出『群像』一九八四年八月、前掲『李良枝全集』所収）の中で、ソウルでの韓国語授業の場面でこんな情景が記されている。「ソンセンニム、私たちは、在日同胞です。日本で生まれ育ち、日本語ばかりにとりかこまれて生きてきた者たちです。日々、同化と風化を強いられる環境の中にいて、私たちは民族的主体性を確立できないまま、悶々としてきました。ここにいる学生たちは、それぞれが、さまざまな動機を持って、母国留学を決意しました。しかし、ただ一点、ウリマル（母国語）を学ばなければならないのだ、という熱い思いは共通しています。ところがどうでしょう。日本では在日韓国人であることの劣等意識にさいなまれ、ウリナラ（母国）に来ても、蔑視を受ける。いくら努力しようとしても、発音のおかしさばかりを指摘され、水をかけられる。ただでさえ自分の出自、というものを客観視できず、劣等意識を克服できずにいるのです。結局私たちは……」と。ここには自意識と劣等感の過剰さが見てとれるが、その息苦しさこそが「在日」であることの証しであると言えるのかも。

李良枝は母語と母国語の間で揺れ動いた。ソウル大学国語国文学科での留学生活を通して、李良枝は人間にとっての言語、ひいては人間における母語と母国語の問題を自身の人間存在つまり実存の問題と直結する深刻な問題として考えるようになる。幼かったころから身につけた母語が、母国語の海にもひとしい国語国文学科に入って、まるで暴力的と言えるくらいに人間の思考を支配し存在を左右するものであるという事実を実感させられる。「在日同胞の場合は、韓日間の不幸な歴史と深い関わりをもつ存在」であるため、「一日も早く母国に順応しなければならないという大義名分が、……ことに深刻になるしかなく、またそうした名分以上のものを実際に韓国の社会からも要求される存在」であることを自覚させられる。その結果、内面的にも外面的にも名分ばかりが先行し、現実と理想との乖離はますます深刻になるよりほかになく、それを解決しようとすれば、実存的な問題を当然のごとく背負うようになっていく。「実際には、どんなに努力を重ねても韓国人になることが難しいという、そうした不安と罪の意識に苦しめられながらも、同時に日本といういわゆる先進国からやって来たという、自分では意識しない間に身体に染みついてしまっている傲慢さと優越感など、相反する感情がいつも屈折したまま絡み合っているのが、ほとんど大部分の在日同胞の心情ではなかろうか」（前掲「私にとっての母国と日本」）と思うにいたる。

九　「在日」にとって「民族的主体」とは

はたして「在日」にとって「民族的主体」とは何か。そしてそれは母語ないしは母国語とどう関わるのか。あるいは侵略・被侵略の歴史や出自とどう関わってくるのか。李良枝の場合には日本語が母語、朝鮮語（韓国語）が母国語と、明確に認識されていた。そして「ナビ・タリョン」に始まる李良枝の作品に通底するのは、祖国での再生を願った「私」の挫折であり敗北である。不安と葛藤が続くなかで、「留学を断念して二度と母国へ来てはならないと思い詰めたことがありました」とも率直に語っている。

そうした逡巡を経て、李良枝は先に紹介した、一九九〇年一〇月のソウルでの講演「私にとっての母国と日本」で、「あるがままに受け入れる勇気と生きることへの姿勢」を強調し、自分なりの到達点を明らかにしている。「(小説の主人公) 由熙によって象徴される在日同胞の問題というのはまさしく、すべての人間が背負い彷徨っている、理想と現実の乖離という問題にまで普遍化されなければならないことだったのです。わずかに在日同胞という属性が特殊なだけであって、あらゆる属性、あらゆる立場に立っている人々には共通の、人間の実存の問題にまでつなげていく問題としなければならないというのが、私の「由熙」を書く際にもっとも心を配った点だったと言えます。……現時点で下すことのできる一つの、私なりの結論は、一言でいって、多分「生きることへの勇気」という言葉で集約できるものと思います。……現実がどんなに絶望的で否定的であるにしても、その道のほかには、由熙にとって真の意味での精神的な解放はありえなかったといえるからです。母国語と母語との葛藤。日本と韓国という二つの国の間の葛藤など。結局はすべてが、究極的には現実をあるがままの姿で受け入れ、許容する勇気と力みたいな、人間の存在における根本問題と結びつくものであったに違いありません」と。

李良枝にとって「由熙」は徹底的に個人的な問題であり、同時に徹底的に普遍化されうる存在であった。しかしそこに見られる「在日」はけっして一般化して語ることのできない存在であり、民族や文化、歴史抜きの「市民」でも「コスモポリタン」でもなかった。由熙、つまり在日同胞には否定することのできない日本人性があり、また不幸な歴史にまつわる朝鮮人性なるものがあった。それをぎりぎりまで見つめて生きるのに、李良枝には、伝統文化や母国語、そして文学が必要だったのであろう。

一九九〇年代以降、日本国籍取得者の増加とともに一旦途絶えたかに見えたいわゆる「祖国志向」の動きが、グローバル化や脱冷戦期を経て別のかたちで再活性化されているようである。そして短期滞在を除き、留学、居住その他で在韓した「在日」は、現在までにおよそ一万五〇〇〇名に達しているともいう（趙慶喜《チョキョンヒ》「帰還と移住のあいだで——祖国で「在日」を生きる」、『抗路』第7号、二〇二〇年七月）。当然、在韓する「在日」にとって、日本語は母語であり、朝鮮語（韓国語）は母国語であろう。しかし現実問題として考えてみれば、世代交代がすすんだ現時点において、また「帰化」その他で日本社会に溶け込み、民族とか祖国、母国語といった思考意識をもたない、もてない多くの「在日」ないしは在日出身者がいることも確かであろう。「在日」の定義自体、植民地支配の所産、国民国家・日本の枠内にあるマイノリティということではすまなくなっている。「祖国」や「母国語」という言葉そのものが実体を欠いた「幻」になっているのかも知れない。北の共和国に帰った在日帰国者の子孫たち、中央アジアやアメリカその他に暮らす同胞出身者たち、それらの人びとにとっては、「母語と母国語」といった問いかけはまた別の意味をもってくるのかも知れない。

しかしそれなら、「日本語と朝鮮語——主体の揺らぎ」という題目はそれ自体、成立しなくなってしまっているのか。たぶんそうではないと、私は思う。先に引用したように、金石範は、日本語を相対的なものとして客観視する場として朝鮮語を自らの内部にもっていないとしても、朝鮮人としての主体的な（あるいは被抑圧的な意味での）存在意識を感知するとき、またはそうした「思想」に支えられるとき、そこに自己と日本語との間で緊張が生まれうる、といった趣旨のことを述べている。しかもグローバル化時代と言われながらも、コロナ禍を経て、いまや諸国家は自国優先で独走し、世界は極右化していくばかりであるかのようである。

「在日」はもちろん、世界にあふれかえる難民・移民にとって、異郷・苦境・被差別の中で感得する出自や来歴の自覚ないし意味づけはアイデンティティのより重要な要素になっていくのではないかと思われる。日本の植民地支配に由来する「在日」で言うなら、国籍のありようとは関わりなく、現実の生活で日本社会との違和を感じるとき、そこに普段なにげなく使っている日本語との間で何とも言いがたい緊張関係が生じるのではないかとも思われる。しかも今日においては、ジェンダーやセクシュアリティの視座からするとき、その日本語と朝鮮語の緊張関係に内在するナショナルな響きに不可視の暴力性が含まれていることも問われることになる。いずれにしろ、そうした緊張関係の中で自らの存在を問い直し、大きく言うなら、脱植民地主義の課題を自分の問題として意識するとき、出身地や母国語といったことにつながる言葉が、あらためて自らの生き方を模索するキーワードにもなるのではないかとも思われる。

Ⅵ

竹内好の思想に学ぶ

――「在日」にとっての絶望、抵抗、敗北感の持続

私は、在日総合誌『抗路』第7号（抗路舎、二〇二〇年七月）に載せた「「在日」は「宙づり」だと言われるが」という文章で、「主体的であろうとすると、とりわけマイノリティ、周縁者の場合には、……絶望を直視することの中でこそ「希望」も見いだせるのではないか、というと、格好良すぎるかも知れないが、……」と書いた。たぶんそうだろうと思いつつも、自信があってのことではないので、いくぶんか曖昧に書いたつもりである。精神の絶望を見つめることによって、それでも希望のありかを反証し、普遍性につながる道を探し求めようとしたのかも知れない。そして最後の結論めいた部分では、「(「在日」の）不安定さを支える思想というのは、究極的には、じつはこの生死一如のリズムであり、そこには苦と楽、絶望と希望、邪と正、闇と光といった二項対立があるのではなく、その混在の中でもがき続ける自分自身があるのではないかと思う」と書いた。今でもあんなことを書いてよかったのかと疑問をもったりもするが、それでも生き方としては、そう表現するしかないのではと自己正当化したい気持ちである。

ここで、「絶望」という言葉は、哲学や思想、あるいはもっと日常的な意味での生き方などを論じるときにしばしば使われるもので、そう縁遠い、難しい言葉ではない。むしろ意味もよくわからないままに使う言葉である。その点、戦中・戦後を生きた日本の思想家・知識人である竹内好(一九一〇 - 一九七七年)が自分の思索の根底に、その「絶望」という言葉を据えていたことがいつも気になっていた。その真意が何かよくわからないままに、いつかそれを調べてみたいと思ってきたのである。竹内は日本のあり方に絶望しつつも、アジアと真摯に向きあい、アジアと日本のことを真剣に考えようとした稀有の人物であるともいえ、私もこれまで自分の論著で何度か言及してきたことがある。竹内が「アジア」と言うとき、それは基本的には「中国」を指していたが、その「アジア=中国」には朝鮮への視座もいちおう含まれていたとも考えられ、その意味もあって、ここでは、竹内にとっての朝鮮の位置づけを考察するとともに、その竹内の思想を学ぶことによって、「在日」のあり方を考えてみたいと思う。

一　抵抗の主体としてのアジア

戦後日本の思想史において竹内好は独自の位置を占めたが、その著作も膨大である。一九六六年に出版された『竹内好評論集』(全三巻、筑摩書房)は、それぞれ『新編現代中国論』、『新編日本イデオロギイ』、『日本とアジア』と題され、戦後における竹内の批評活動を集約して収めている。中国文学研究者としての竹内は、戦前一九四四年に『魯迅』を出して一躍名を知られるが、竹内の著作全体はのちに『竹内好全集』(全一七巻、筑摩書房、一九八〇 - 八二年)としてまとめられている。竹内を論じた著作としては松本健一『竹内好論――革命と沈黙』（第三文明社、一九七五年）、菅孝行『竹内好論――亜細亜への反歌』（三一書房、一九七六年）を始め、孫歌『竹内好という問い』（岩波書店、二〇〇五年）、そして直近では黒川みどり・山田智『評伝　竹内好――その思想と生涯』（有志舎、二〇二〇年）など数十冊にのぼり、個別論文はそれこそ数百篇以上と、数えるのも困難である。今回、竹内好を考えるにあたっては、竹内自身の著作と『評伝　竹内好』など何冊かの竹内論を読み込むのに注力するとともに、個別論文としては、平石直昭「竹内好における歴史像の転回――大東亜・魯迅・アジア」（『思想』二〇〇六年一〇月号）、加藤周一「竹内好の批評装置」（『現代思想』二〇〇九年七月、臨時増刊号）、水谷仁「もうひとつのアジア――竹内好の朝鮮像」（『Nagoya University Asian Law Bulletin』Vol.2、二〇一六年九月）、姜海守《カンヘス》「〈朝鮮〉というトポスからみた「方法としてのアジア」」（黒川みどり・山田智編『竹内好とその時代――歴史学からの対話』有志舎、二〇一八年所収）を参照し、また竹内の「アジア主義の展望」やナショナリズム論を批判した梶村秀樹、および竹内の「方法としてのアジア」に疑義を呈した中野敏男、その他の論稿を主として参照した。

といっても、私は戦後日本の思想全体を論じる力もなく、竹内好の思想を専門に研究しているわけではない。竹内自身、肯定的に、あるいは否定的に、さまざまに評価されてきたが、やはり「不遇な思想家である」（菅孝行、前掲書）という評価は免れないと言ってよい。ただ私は、「在日」の過去と現在、未来を考えるに際して竹内に学んでみたいというだけである。実際、私が二〇〇八年に出した『思想体験の交錯――日本・韓国・在日　一九四五年以後』（岩波書店）で書いた竹内に関する部分も断片的なものであり、何ら結論めいたことを書いているわけではない。ただ少なくとも、竹内については好意的な評価をしてきたのは確かであるが、それが「在日」にとってどんな意味合いをもつかについては何も書けなかった。

竹内好の思想展開の座標軸となっているのは他者としての中国近代の自己形成史である。それはあくまで「日本」のあり方を考えるための反照的な位置づけをもつが、竹内が中国文学を志したのは、まさに満州事変の一九三一年であり、その後、上海事変、満州国建国宣言と続く日本の大陸侵略が深まっていった時期である。その竹内の思考方法には、日本および中国の「民族」(ネーション、ナショナリティ)への絶えざるこだわりがあり、また普遍化・範型化されがちの西欧近代に対する中国の自己形成史と日本のあり方に対する異質性の認識ないしは疑念がある。つまり西欧近代のアジア支配に対し、中国が一貫して抵抗の姿勢を示したのに対し、日本は当初は反発しようとしたとしても、結局、その後、西欧近代のアジア支配と同じ道をたどって「大東亜」を掲げ、アジア=中国を支配しようとしていった時代へのいらだちである。竹内の目からするとき、中国が植民地支配をはねのけていく過程でナショナリズムと革命を結合させる民族抵抗の自己形成をなしとげていったのに対し、日本は戦前も戦後も、他民族との関係で自民族を把握することに失敗し、「民族を思考の通路に含まぬ」(竹内好)道を歩み続け、自民族(自国民)から変革への契機を奪いとったというのである。戦後日本の近代化(の「成功」)という錯覚は、「進歩」の幻想のなかで抵抗の力、革命の力を失わせるものでしかなかったというのである。

中国文学研究の道に入った竹内好は、東京帝国大学支那文学科を卒業したあと、二十代後半に外務省の補助金を得て北京に留学する。帰国後の一九四一年一二月八日に「対米英宣戦布告」、つまりアジア太平洋戦争の勃発に際して「大東亜戦争と吾等の決意（宣言）」を執筆する（雑誌『中国文学』）。中国と向きあう竹内の深い苦悩を踏まえたものではあったろうが、日中全面対決の侵略戦争という認識をもちながらも、「強者」である欧米帝国主義に対する「東亜」の「民族解放」の一環であると理解したことは否めない。鶴見俊輔はこのときの竹内の思想は「聖戦の思想」であり、宮崎滔天ら、明治以来の右翼思想の血脈を受け継ぐ「右翼的アジア主義」の表明であったという。それは竹内の思想の誠実な表現ではあったが、「現実把握の弱さ」がもろに出たものであるという（鶴見俊輔『竹内好　ある方法の伝記』岩波現代文庫、二〇一〇年）。こうして竹内は、相反する二重理解の葛藤・矛盾を深めつつ、戦争擁護・西欧的近代の超克を唱える「世界史の哲学」・京都学派に共感を示していった。竹内によれば、近代西欧がアジアに侵入し、古いアジアを解体させ、アジアに内発的な変革を起こさせたという歴史事実は否定できない。この場合、侵入者が進歩を独占していれば、抵抗は進歩否定の形をとってしまうが、それを果たして反動と言えるのかどうか（「アジアにおける進歩と反動」、『竹内好全集』⑤〔第五巻、以下、丸数字は巻数〕）と。つまり、抵抗の主体としてのアジアを考えるとき、西欧近代に真っ先に抵抗したのは日本であるが、その日本はやがてその歴史的役割を裏切り、帝国主義国家としてアジア大陸に侵入した。抵抗と侵略の二面性、それらを反動とくくってしまっていいのかどうか、という根源的な懐疑である。

二　「絶望」と「ドレイ」

竹内好にとって一九四四年の『魯迅』刊行は大きな画期となった。竹内からすれば、中国近代の自己形成史は一九一九年の「五・四運動」から始まった。「五・四運動」は、第一次世界大戦に関わる一九一九年一月のパリ講和会議の結果に不満を抱いた中国民衆・学生の抗日・反帝国主義そして反封建主義の側面をもった大規模な蹶起であり、それは植民地下朝鮮の全民族的な反日独立運動であった同年の「三・一独立運動」の影響を受けたものでもあった。魯迅（一八八一－一九三六年）はこの「五・四運動」に連なる一九一〇年代のナショナリズム高揚の啓蒙運動・新文化運動のオピニオンリーダーのひとりであった。魯迅は、文学へと向かう回心の決定的な契機が死と生・絶望と希望・政治と文学の鋭い葛藤の中にあったと言われる。竹内にとって魯迅は、転形期を生きる魂の全身的ありようを示してくれる近代中国を代表する文学者であり、革命家であった。しかし、魯迅が中国革命の現在進行形の道すじを闘いの相手としていたことと、竹内が「大東亜」の建設に期待を託した、いわゆる「日本イデオロギー」を闘いの相手としていたこととの違いはすでに歴然としていた。松本健一は言う。「それは、絶望をすることのできた魯迅と、絶望さえもすることのできない竹内との違いである。魯迅は絶望をすることによって、その虚妄に思いを至し、それによって「将来にある」希望に、みずからを預けることができた」。だが、日本イデオロギーを闘いの相手にした竹内は、「絶望さえもすることが許されなかった。それゆえ、「将来にある」希望にみずからを預けることは、できようはずもなかった」（松本健一、前掲書）。

竹内好自身の言葉で、魯迅が見た「絶望」が何であったかを確認しておきたい。「魯迅の見たものは暗黒である。だが、彼は、満腔の熱情をもって暗黒を見た。そして絶望した。絶望だけが、彼にとって真実であった。しかし、やがて絶望も真実でなくなった。絶望も虚妄である。……絶望に絶望した人は、文学者になるより仕方ない。何者にも頼らず、何者も自己の支えとしないことによって、すべてを我がものにしなければならぬ。……私が彼の回心と呼び、文学的正覚と呼ぶものが、影が光を生み出すようにして生み出されるのである。魯迅の絶望したところに、多くの人は絶望しなかった。そのことによって、人々は衆愚となった」（『魯迅』「政治と文学」、『竹内好全集』①）。竹内もそのひとりであったのかも知れないが、『魯迅』を書いたころ、竹内は「大東亜」と日本を一体化して見ようとした。日本は、欧米列強に対抗する東洋諸民族の先頭に立つ「大東亜共栄圏の盟主」であるとさえ位置づけていた。竹内は、中国と日本とを同質なものとして捉えようとしてのたうち廻っていたと言ってよいのかも知れない。

しかし、魯迅に出会うことによって、竹内好は大きな転回点を見出していく。「魯迅が、私が感じているような恐怖に捨身で堪えているのを見た。というよりも、魯迅の抵抗から、私は自分の気持を理解する手がかりをえた。抵抗ということを私が考えるようになったのは、それからである。抵抗とは何かと問われたら、魯迅においてあるようなもの、と答えるしかない。そしてそれは日本には、ないか、少いものである。そのことから私は、日本の近代と中国の近代を比較して考えるようになった」(「近代とは何か」〈原題「中国の近代と日本の近代」〉、『竹内好全集』④)。事実、戦後になって、竹内にとって日本ははっきりと、「東洋」の外に置かれていく。平石直昭は、この日本＝非東洋という竹内の戦後認識は、文化の型の違い、ひいては「解放」の理念の違いということに関わっているという。明治維新はたしかに革命であったが、しかしそれは同時に反革命でもあった。そこには竹内の言う、日本文化の無抵抗性、優秀性、転向性、ドレイ性などの特質があり、それらは魯迅が強調した「国民性の改革」という課題の指摘につながっていたという。「こうして回心と敗戦経験をへた竹内は、日本文化にドレイ的構造を見出し、その根本的な革命が必要だという認識をもって戦後出発した」(平石直昭、前掲文)。

竹内好によれば、近代西欧による中国侵略の植民地状態にあって、魯迅はそのドレイ状態を拒否しながらも、それからの解放が不可能なことを見抜いていた。「ドレイが、ドレイであることを拒否し、同時に解放の幻想を拒否すること、自分がドレイであるという自覚を抱いてドレイであること、……それが魯迅においてある、そして魯迅そのものを成立せしめる、絶望の意味である。絶望は、道のない道を行く抵抗においてあらわれ、抵抗は絶望の行動化としてあらわれる」。それに対して日本は対蹠的である。「ドレイは、自分がドレイであるという意識を拒むものだ。……ドレイがドレイの主人になることは、ドレイの解放ではない。しかしドレイの主観においては、それが解放である。このことを日本文化にあてはめてみると、日本文化の性質がよくわかる」(前掲「近代とは何か」)。

日本は明治維新で近代革命に成功したというが、そこでの進歩の方向は、日本が西欧に抵抗を示さない、日本文化の構造的な性質と密接にからむものであった。「日本には、型といえるようなものがない。つまり抵抗がない。強いていえば型のないのが日本型である。個性のないのが日本の個性だ。……自由の味を知らぬものは、自由であるという暗示だけで満足する。ドレイは自分がドレイでないと思うことでドレイである」。まさにそれが「日本文化の優秀さ」に潜む問題だ（前掲「近代とは何か」）、と。竹内が魯迅から学び取った抵抗という態度は、内へと向かう回心の動きであり、それはあくまで抵抗によってのみ媒介されるものであった。それに対し、「転向」は、抵抗のないところにおこる現象であると、釘を刺す。

竹内好はこうした魯迅をさして、「魯迅のような人間は、進歩の限界をもたぬヨオロッパの社会のなかからは出てこぬだろう。また、進歩の幻想のなかにいる日本でもうまれぬだろう」（前掲「近代とは何か」）という。加藤周一はこのことに関連して、魯迅のような人間がヨーロッパや日本に出てくる可能性がないとすれば、魯迅のような人間をこれほど深く理解する人間も、ヨーロッパや日本に出てくることは難しかろうと評しつつ、「おそらく竹内好は、魯迅の条件を外側から理解することのできる極限まで、理解した人である」と断じる。ただ「そこから発する議論は、普遍的なものよりは、特殊なものを強調する傾向が強く、そのことと関連して、現状の批判には鋭く、将来の目標の内容については不明確にならざるをえない」とも言う。言ってみれば、竹内の所説は「実に鋭い批評装置」ではあっても、普遍的な世界像を生み出し、それにもとづく問題解決の方法を導き出す

「理論の体系」には至っていないことを示唆している（加藤周一、前掲文）。

事実、竹内好は、「敗北は抵抗の結果である。抵抗によらない敗北はない。したがって、抵抗の持続は敗北感の持続である。……しかし、そうはいっても、抵抗とは何かという問題は、私にはわかっていない。抵抗の意味をつきつめて考えていくことが、私にはできない。私は哲学的思索には慣れていない。そんなものは抵抗でも何でもない、といわれればそれまでである。私はただ、自分がそれにおいてあるものを感じているだけで、それを取り出して、論理的に組み立てることはできない」（前掲「近代とは何か」）と、自らの限界を認めている。考えてみれば、魯迅が没したのは一九三六年であり、それに対し、竹内は第二次大戦後の中国および日本の激動期を経た一九七七年まで生をまっとうする。実際、竹内が論じた中国自体、未完結性をもった生きた実体であり、予見不能のものであった。当然、鋭い批評を次々と発する竹内の内部では、少なからず、現実との乖離が自覚され、その分、現状への焦慮や危機感が深まりがちだったと言えよう。

三　竹内好の朝鮮認識

竹内好は現状に対しては鋭い分析をしながらも、実際の局面では積極的に動いたわけではない。それが竹内の自己嫌悪でもあったろうが、一九六〇年代初めの安保闘争の局面では活発な社会参与によって、一時期、この自己嫌悪が一瞬消えるときがあったのかも知れない。もとより思想のあり方を内在的にしかもわかりやすい形で捉えるのは困難であるが、一九五〇年代に入って左翼陣営の側から単独講和の問題とも関連して、「民族の問題」やナショナリズムの問題が出されてきたとき、竹内は、日本共産党の路線を中心に、戦後日本の思想のあり方に根本的な批判を加え、日本の進歩的史学者などの態度は、「外」なる権威には弱く、「内」なる民衆に対する責任感は乏しいドレイ的な精神構造の表れであると批判した。日本人の精神構造そのものの変革が不可欠だとするもので、安易な民族やナショナリズムの主張は、ふたたびウルトラ・ナショナリズムに陥る危険性があるとするものであった。革命中国の民族抵抗史＝自己形成史を指標としながら近代主義・マルクス主義・日本共産党を「民族を思考の通路に含まぬもの」と批判したのである。

しかし、である。それでは竹内好が中国近代の自己形成史、とくに革命中国に共感を寄せたとしても、近代日本の最大の侵略ターゲットであり続けた朝鮮に対してはどうだったのかという重要な問題がある。いわゆる竹内の朝鮮認識はどんなものであったかということにもなるが、少なくとも竹内の所説から見るかぎり、朝鮮のもつ比重は小さなものでしかなかったと言わざるを得ない。戦前・戦中期で言えば、竹内の朝鮮に関する記述は、一九三二年にかつての友人を訪ねて朝鮮に旅行したことについてのものだけだったと言ってよい（「鮮満旅行記」、『竹内好全集』⑮）。戦後は、一九五〇年の朝鮮戦争勃発と関連して少し文章を書くようになるが、歴史家の羽仁五郎や石母田正、藤間生大などがそれぞれ敗戦後、一九五〇年代にわたって、朝鮮そして在日朝鮮人に対する共感ないしは連帯の意をさまざまな形で表し、それでも朝鮮民族に学ぶことに実践的な課題を見出そうとしていたこととは少なからぬ差がある（尹健次、前掲『思想体験の交錯』）。

もちろん竹内好の膨大な著作を丹念に探索すれば、一九五〇年代以降、朝鮮ないし在日朝鮮人に関する文章が散見されるのは確かである。事実、近年になって、竹内が論じる中国には朝鮮への視座も含まれていたとする論が少なからず増えてきたようにも思われる。先に紹介した、水谷仁「もうひとつのアジア」がその代表的なものであり、ついで姜海守「〈朝鮮〉というトポスからみた「方法としてのアジア」」、そして黒川みどり・山田智『評伝　竹内好』をあげることができる。水谷は言う。既存の研究において、竹内のアジア認識は〈アジア＝中国〉だと見なされてきた。朝鮮について竹内が叙述したものはそれほど多くなく、自身を含めた日本人がいかに朝鮮のことを知らなかったかと説いているため、竹内における朝鮮という問題が論じられること自体、これまでなかったと（水谷仁、前掲文）。

事実、竹内は、「朝鮮はいちばん近い外国だから、本当はいちばんよく知っていなければならないわけだが、……朝鮮の知識はほとんど皆無に近い」と自ら述べており、そこには「朝鮮を外国として眺めるのをためらう気持ちが日本人の心にぬきがたくひそんでいる」（「金達寿著『朝鮮』」、『竹内好全集』⑤）からだと述べている。それほどに朝鮮への視線が欠落していたとも言えるが、朝鮮語を学ぶことの必要を説いたのは、晩年とも言ってよい一九七〇年に「朝鮮語のすすめ」という文章においてであった。「私は余力があれば今からでも朝鮮語を習いたい。そして人にもすすめたい。……若い人には極力すすめたい。あなたがあなた自身になるために、朝鮮語がどんなに役立つかを力説したい」(『竹内好全集』⑤)と。「朝鮮映画「赤い花」を見て」や「隣人の責務――『金史良全集』を推す」を書いたのも、一九七〇年に入ってからのことであった。黒川みどり・山田智『評伝　竹内好』では、竹内がプロレタリア文学者の中野重治から少なからぬ影響を受け、一九六〇年代末に「差別を考える会」を組織するなど、「弱者」に寄り添う思考を育んでいったと、竹内の朝鮮認識についてやや過大に評価する姿勢を示しているようである。

日本の敗戦は、近代日本の歴史意識に深く刻み込まれた朝鮮像の根本的な転換を迫るはずであった。しかし、敗戦の衝撃はさしあたっては日本人の世界認識を内閉させ、しかも南北分断の進行が独立朝鮮への関心をも冷却させていくことになった。「未開」「野蛮」といった朝鮮イメージは払拭されないまま日本人の意識に潜在化し、朝鮮史研究の開拓はふるわず、朝鮮語の学習は警察・自衛隊の治安機関にまかせられたままであった。「韓国併合」といった植民地支配の事実も意識化されず、アジア侵略と言えば一九三〇年代の中国侵略からと認識されがちであった。心ある知識人の朝鮮半島への関心も北朝鮮への過剰な思い入れが目立ち、分断下の韓国に対する関心は極度に低かった。

そうした歴史の流れの中で、竹内好は一九七四年に、日本人のアジア認識には朝鮮が欠落していると指摘する。「(朝鮮は)いちばん近い隣国であって、関係もいちばん密接であったのに、日本人の世界地図からはいまでも欠落している。……これでは正確な自己認識は不可能ではないか。もし「日本の中のアジア」に朝鮮が欠落しているとすれば、その地図は不正確であるから、当然に「アジアの中の日本」も不正確になる」(「アジアの中の日本」、『竹内好全集』⑤)と。ここでは、朝鮮認識の欠落が日本人の自己認識の欠落に通じていると、二重の意味での欠落が強調されている。朝鮮人の母国語＝朝鮮語を抹殺することによって、日本語そのものが歪められたという認識もここに関連する。

ただ、それでも、竹内好における朝鮮像、とくに抵抗する主体としての朝鮮の位置づけは不十分であり、限界があったと言わざるを得ない。ここで、先に述べた水谷仁は自問する。竹内好における〈アジア＝中国〉と〈アジア＝朝鮮〉を比較しておく必要がある。竹内にとって、〈アジア＝中国〉はヨーロッパの侵略に対する抵抗の主体であったが、〈アジア＝朝鮮〉はそのような抵抗の主体と同じものであったのか、あるいは異なったものだったのか、と。そして中国と朝鮮は日本による侵略とそれに対する抵抗をともに経験していたが、しかしそこで、抵抗の主体の範型を魯迅に見た竹内においては、中国型の抵抗の主体像がヨーロッパの侵略に対するアジア一般の抵抗の主体のモデルへと昇華された一方で、朝鮮は抵抗の主体としては明確には対象化されるに至らず、アジアの中でもっとも特殊な形で日本の侵略を受けた存在だと見なされたとする。そこに「日本語」という言語の問題がからむが、いずれにしろ、竹内は、自身の朝鮮像のなかに、抵抗の主体像を確固たるものとして見出すことはなかったと述べる。言わば侵略を受けて苦しむ朝鮮人の姿が思い浮かび、そこから学ぶことの必要を力説しはしたが、朝鮮を抵抗の主体のひとつとして十分に対象化するまでには至らなかったというのであり、それが竹内の限界であったと結論づける。そこには当然、朝鮮における抵抗の主体の創出を妨げるような要因となっていたのが他でもない日本であったことを剔抉し、それを思考の過程に乗せるという問題意識が竹内の射程の内にはなかった、言い換えれば、抵抗の主体を創出する可能性を奪うような支配を剔抉し、それを批判し超克していくような知的な態度が必要ではないかというのである（水谷仁、前掲文）。

四　「アジア主義」「方法としてのアジア」

やや難しい議論になったが、この竹内好の弱さないしは限界は、竹内が命題とした「アジア主義」や「方法としてのアジア」と関連し、それは竹内のアジア侵略認識そして天皇制に対する認識と関わってくることになる。もとより敗戦以後、明治維新以来の近代日本をあらためて考察しようとした竹内は、先に述べた一九四八年の「近代とは何か」（原題「中国の近代と日本の近代」）で、中国と日本の近代化の違いを明確にして、中国革命の方法を近代日本に投影する「アジア主義」の概念を提出し、独自の近代日本像を打ちたてようとした。そこでは日本に批判的な視点を継承しつつも、日本の近代化を可能とする独自の「伝統」を見出そうとするものであった。姜海守によれば、戦後、竹内が朝鮮を自らの関心の対象とした大きなきっかけは朝鮮戦争ではないかという。分断と戦争の悲劇は日本の朝鮮植民地支配に対する「贖罪感」と日本の「植民地主義」に対する認識をパラレルに深化させていくが、それは日韓の国交交渉の進展ともからんでいた（姜海守、前掲文）。

竹内好は一九六〇年に国際基督教大学でおこなった講演で、「方法としてのアジア」を提起する。

それは一九六三年に脱稿した「アジア主義の展望」に繋がるが、この「アジア主義の展望」は、名著の誉れ高いシリーズ『現代日本思想大系』（筑摩書房）の第九巻「アジア主義」の「解題」である。第九巻は竹内が編集したものであるが、その内容は、岡倉天心、樽井藤吉、宮崎滔天、頭山満、内田良平、大川周明などを扱ったもので、一般に右翼の源流だと言われる玄洋社をアジア主義者と見なすなど、そこにアジア連帯をめざす契機を見つけ出そうとするものであった。ここで「方法としてのアジア」とか「アジア主義」は明確に定義づけられていたわけではない。竹内自身の言葉によれば、「そもそもアジア主義の名称そのものが雑多である。……アジア主義は、膨張主義または侵略主義と完全には重ならない。……またナショナリズム（民族主義、国家主義、国民主義および国粋主義）とも完全には重ならない。むろん、左翼インターナショナリズムとも重ならない。しかし、それらのどれとも重なり合う部分はあるし、とくに膨張主義とは大きく重なる」。「たとい定義は困難であるにしても、アジア主義とよぶ以外によびようのない心的ムード、およびそれに基づいて構築された思想が、日本の近代史を貫いて随所に露出していることは認めないわけにはいかない。……雄飛の思想が国家形成によって膨張主義に転ずるのか、それとも膨張主義が国家形成の一要素なのか、その辺のところはむずかしくて私には何ともいえない。しかしともかく、近代国家の形成と膨張主義とは不可分であって、そのこと自体には是非の別はないだろう。……玄洋社＝黒竜会イデオロギイが最初から侵略的であったかというと、そうではない」（「日本のアジア主義」〔原題「アジア主義の展望」〕、『竹内好全集』⑧）と。そうした延長線上において、竹内は、日本の対外戦争のほとんどは自衛とアジアの安定、アジアの解放のための義戦という大義名分をふりかざすものであったことを認めながら、少なくともそこには、「誤ったにせよ、ともかく主体的に考える姿勢」があり、「アジアは深く日本人の心のうちにあった」と強調する（「日本人のアジア観」、『竹内好全集』⑤）。これは、近代日本が育んだ「アジア連帯感」まで否定され洗い流されるわけにはいかないという竹内の痛憤であった、とも読みとれる。

どの時代であれ、どんな思想であれ、さまざまな見方があるのはやむを得ない。日本のアジア侵略の時代であっても、竹内が活躍した戦後のある時期であっても、さらにはこの文章を書いている二〇二〇年代であっても、同じである。近代日本に「連帯」と「侵略」の思想が混在していた、そこで「連帯」という「伝統」を大事にすべきだと言うなら、一九一〇年の「韓国併合」以前から今日に至るまで、朝鮮半島には「親日（ないしは親中その他）」と「反日（あるいは「独立」）」の思想が混在してきた。しかしそれでも、朝鮮半島に生きた多くのひとたちにとっては、これまで、一八九五年の「明成皇后《ミョンソンファンフ》殺害事件」（閔妃殺害事件）を許すことはなかっただろう。朝鮮王朝第二六代国王・高宗《コジョン》の王妃であった閔妃《ミンビ》が三浦梧楼らの計画に基づいて王宮に乱入した日本軍守備隊、領事館警察官、民間日本人膨張主義者（大陸浪人）、朝鮮親衛隊、朝鮮訓練隊、朝鮮警務使らによって暗殺された事件である。清、ロシアなどとの思惑がどうであれ、また封建王朝の王妃であったとはいえ、一国の王妃が陵辱され殺害され、朝鮮が「開国」＝植民地化へと向かう路程のことであった。もし明治あるいは大正、昭和日本の天皇ないし皇后が朝鮮人に暗殺されていたとするなら、竹内は「連帯」

と「侵略」、あるいは「自衛」その他の理屈でもってどう解釈したのであろうか。「解放後」七五年を経た今日の韓国では、文在寅《ムンジェイン》政権の評価とも絡んで、激しい「左右」の対立が続き、その核心には「積弊」作業、なかでも親日派清算の「課題」がある。それを歴史的に未解決の課題として捉えるのか、あるいは日本の植民地主義の忘却に通じる「過去の問題」としてごまかすのか、というのはまさに「思想」の問題である。

竹内好が抵抗の主体としてのアジアや連帯を強調することには、そこに近代日本の歩みを継承しつつ、何とか日本の未来に繋がる独自の思想的エネルギーというか、時代を超えた普遍性への切り口を見つけたいという内在的な問題意識があったのは確かであろう。しかし、たとえそうであっても、竹内には間違いなく、現代日本のナショナリズムの横行と侵略の歴史の隠蔽につながる思想的弱さないしは限界があったのではないかと思われる。言ってみれば、竹内の「アジア主義」言説は、本人が意識していたかどうかは別として、日本近代史の「一国史」的発想に囚われていた。

戦後日本の朝鮮史研究の先頭に立った梶村秀樹は、一九六三年の竹内好の「アジア主義」をめぐる議論に激しい批判を展開していく。『梶村秀樹著作集』第1巻（「朝鮮史と日本人」、明石書店、一九九二年）に収録されている、六四年から六五年にかけての「竹内好氏の「アジア主義の展望」の一解釈」、「「日本人の朝鮮観」の成立根拠について――「アジア主義」再評価論批判」、「現在の「日本ナショナリズム論」について」、そして同巻所収の新納豊「解説」を見れば、その学問的真摯さと激しさがよくわかる。朝鮮史の内在的発展を強調する梶村は、七一年には『排外主義克服のための朝鮮史』（青年アジア研究会）を書いている。それらの論稿で梶村は、「アジア主義」は結論的にいって、表面的に権力に対立しながらも侵略の先兵としての役割を果たした。客観的に、あるいはアジア諸国民の眼から見れば、ヨーロッパ列強と同じか、あるいはもっとすさまじいことをやっている日本帝国主義のやり方を、内側からは、ヨーロッパではないアジアの側に立つものと思い込んでいる、と評している。そして梶村は、具体的に、玄洋社に連なる「天佑侠」を名乗る日本人の浪人小集団が、一八九四年の甲午農民戦争（東学党の乱）に際して、東学農民軍を支援したという物語が長らく流布されたが、それは偽りでしかなかったと実証的に論証している。

梶村秀樹そして少なからぬ在日朝鮮人の研究者が指摘したように、日本ナショナリズムは「日本人の朝鮮観」と切り離しがたく結びついており、むしろ幕末以降、日本ナショナリズムの形成過程自体が、主として「朝鮮観」をめぐって展開されたと言っても過言ではない。もとより「竹内の問題提起には、明治以来流布されてきた御用「アジア観」を解体して、日本国民の主体的な「アジア観」をどう再生させるかという、より根本的な提起が含まれていた」が、梶村がそこに踏み込んでの批判を試みたにもかかわらず、充分に意を尽くせなかった（新納豊「解説」、『梶村秀樹著作集』第1巻）という側面はあろう。しかし時期的に言うなら、梶村の批判は、日韓会談の進行・日本資本の対韓進出の動きと連動した日本ナショナリズム再評価論に警鐘を鳴らす意味をもったものであり、それだけ現実の「日本帝国主義」と対峙しようとしたものだったと評価される。

ちなみに、植民者二世として日本の朝鮮支配の原罪に苦しんだ詩人・作家の森崎和江は、「一行の言葉」という文章で、竹内を「その父性とでもいうような幅広い感受力」の持主だと深い敬意の念を抱いたとしている。一九六〇年代末ごろのことであろうが、徹底した自己否定によるアイデンティティの模索・再生に呻吟していた森崎にとって、竹内の「アジア主義の展望」の中の一行、「そもそも『侵略』と『連帯』を具体的状況において区別できるかどうかが大問題である」という言葉は、「植民地であった朝鮮で生まれ育った私が、ひそかに先生とお呼びするのは竹内先生ばかりであった」と言わしめるほどの感動的なものであったという。「もうこの一行だけでいい、と思うほどだった」という森崎は竹内に手紙を書き、そして返事をもらい、黒竜倶楽部編『国士内田良平伝』(一九六七年)を贈られたりする(「月報2」、『竹内好全集』⑧)。それは朝鮮侵略、筑豊の炭坑、性の問題、つまり民族・階級・ジェンダーを遮る断層を乗り越え、越境する連帯の思想を渇望していた森崎にとって、日本の「くに」を見直すひとつの転機になったと思われる。もっとも、そうはいっても、私自身は、森崎が竹内をどう受け入れたかは別にして、竹内の思想的弱さないし限界をやはり指摘せざるを得ない。『国士内田良平伝』に関して言えば、森崎がどう読みとったとしても、一般には侵略主義を体現した玄洋社・黒龍会の領袖の評伝であることは間違いない。はたしてそれが、近現代日本で救い出すべき「伝統」たりうるのか、どうか。日本の近代化を可能とする独自の「伝統」を見出したいというなら、他にもっと大事なものがありそうだと思うのだが。

ここであらためて言っておきたいのは、私が常日頃、近代日本の思想課題は「天皇制と朝鮮」だと主張してきたことである。近代天皇制が国家システムや支配秩序として厳然と機能したのはいまさら言うまでもないが、日本敗戦後もそれは支配意識として人びとを大きく呪縛した。竹内好も象徴天皇制下にあっても、天皇制的な民族的心性は「一木一草」に遍在し、「皮膚感覚」そのものにまとわりついていると慨嘆した。天皇制は政治機構としてあるのではなく、全精神構造として存在することを力説したのであるが、その民族的心性においては、朝鮮が日本人にとってもっとも負性をもつものとして刻印されていた。つまり「天皇制と朝鮮」は表裏の関係にあり、近代日本において精神的・思想的に根幹的な位置を占めてきたのである。「併合」による「皇国臣民」化、「三・一運動」や関東大震災の際の朝鮮人虐殺、大陸侵略の激化にともなう皇民化政策・教育の強化、朝鮮語抹殺、創氏改名、天皇の名による徴兵・徴用その他、等々、日本ナショナリズムにひそむ天皇制の暴虐性は植民地期朝鮮そして敗戦後の「在日」のあり方にもっとも露骨に表れてきた。しかし、それについての竹内の視線は、あまりに弱々しいものであったと言わざるを得ない。

いずれにせよ、竹内好の問題意識をどう理解すればいいのか。中野敏男はこう論じている。主体形成のために「思想的エネルギーを生み出す源泉として、日本人の民族感情に根ざす「伝統」と、日本の近代とは対照的に捉えられるアジア近代の「原理」に期待を寄せ、既存のそれに賭けている。……だが、そのときにそれと引き替えに、もっと大切にすべきもともとの思想の根幹を譲ってしまうなら、……それはやはり重大な陥穽にはまったものとみなされるであろう。……それは、竹内が実際にどれほど朝鮮にも言及しているかではなく、彼の議論の構造に朝鮮の植民地化問題が欠落しているのではという疑問である」（中野敏男「「戦後日本」に抗する戦後思想——その生成と挫折」、権赫泰《クォンヒョクテ》・

車承棋《チャスンギ》編、中野宣子訳『〈戦後〉の誕生――戦後日本と「朝鮮」の境界』新泉社、二〇一七年)。こうした中野の主張を知りつつも、水谷仁はあえて言う。「「アジア主義」からアジア連帯を抉り出していかなければならないという「必然性」が、竹内にはあった。私たちはここに、連帯感の結果が侵略であったことを厳然と認めつつも、そこにアジア連帯の可能性があったことを積極的に捉えていこうとする、竹内のぎりぎりの問題意識とアジアへの責任意識を見出すことができる」、「血で洗われた「アジア主義」から普遍的な価値を見つけていこうとする思想的な態度。この態度こそ、抵抗という竹内の方法によるものなのである」(水谷仁、前掲文)と。しかし、こうした言い方は、私にはやはり、楽観的にすぎると思わざるを得ない。そこに竹内が論じた「主体」「絶望」「抵抗」の意味がきちんと組み込まれているのかどうか。言い換えるなら、そこに、竹内の言う「絶望は抵抗においてあらわれ、抵抗は絶望の行動化としてあらわれる」、「抵抗の持続は敗北感の持続である」という根幹的な「思想」が堅持されていたのかどうか、である。竹内好が評論家廃業を思い立ったのは、五五歳のとき、一九六五年の半ば、つまり安保闘争が敗北し、日韓条約が締結されたころだと言われる。

五　「在日」にとっての絶望、抵抗、敗北感の持続

さて、竹内好は西欧近代との対抗関係のなかで、日本と中国を共有しようとしたが、朝鮮人は直接に西欧近代と交わるのではなく、日本を通じて西欧の近代に接触した。一九一〇年の「韓国併合」

以降、日本は宗主国となり、朝鮮は植民地となって、支配／被支配の不幸な歴史を刻んだ。そして一九四五年八月の日本の敗戦は、朝鮮の「解放」を意味した。在日朝鮮人、つまり「在日」は日本の朝鮮植民地支配の所産であり、日本敗戦後、旧宗主国に残留した元「帝国臣民」であり、ときに「外国人」ないしは「定住外国人」と位置づけられるひとつの「民族集団」であり、その子孫であった。そして現在に至るまで「在日」が存在し、語り継がれてきたことからするとき、それはひとつの「主体」であり、また日本と朝鮮の構造的関係からして、その「主体」の根底には「絶望」があり、さまざまな「抵抗」があったことが認められる。しかも植民地時代以来の「在日」の抵抗には、少なからず「敗北感の持続」があったものと思われる。

しかし「在日」が絶望し、抵抗し、敗北感を持続させてきたとしても、それは絶対的なものではなく、ときにさまざまに変容し、転倒する、きわめて個別的な様相を見せるものであった。植民地被支配者であり非差別者であった「在日」は、「反日」ないしは「抗日」を基調としながらも、反面、多彩な形で「親日」の様相を示すことも少なくなく、むしろ「反日」／「親日」の二項対立、二分法では捉えられない生の姿を見せてきたと言ってよい。「嫌韓」という言葉があるなら、「嫌日」という言葉があってもおかしくなく、「親日」とややニュアンスの違う「好日」という言葉があってもおかしくない。そこからするとき、「在日」の具体的な生きざまにおいては、「反日」「抗日」「嫌日」「親日」「好日」などといった言葉が複雑に絡み合い、人によってはそうした言葉では表象され得ないまた別の日常があったとも思われる。いつの世でも、人と人との関係性は絶えず揺れ動き、ときに、あるいはしばしば往還するものである。単なる人と人との関係性だけでなく、配偶者や家族の関係性においても、さらに大きくは国家・祖国や、所属している組織との関係性においても同じである。

竹内好は、魯迅は中国のあり方に絶望したという。絶望だけが、彼にとって真実であり、やがて絶望も真実でなくなった。絶望も虚妄であると。そこから魯迅は文学の道に入っていく。そして「魯迅を他者として、竹内は自分を魯迅に投入した後、再び自分をそこから「取り出した」」(孫歌、前掲『竹内好という問い』)。しかしそこで、絶望さえもできなかった竹内は、なおも絶望を自己の思想の根底に据えつつ、敗北は抵抗の結果である、抵抗によらない敗北はない、したがって、抵抗の持続は敗北感の持続である、と述べる。しかし私は、魯迅そして魯迅文学の真髄が何かを語る力はないが、魯迅・魯迅文学を語る竹内が絶望、抵抗、敗北、そして抵抗の持続は敗北感の持続である、とまで言うのには疑念をもたざるを得ない。竹内自身、抵抗とは何かについてはよくわからないと言っている。人間はそんなに絶望感にひたり、抵抗の持続は敗北感の持続であるとまで言い切りながら、生きていけるのであろうか。あえて言うなら、私には、神でも仏でもない魯迅が、最後まで敗北感を抱きながら、抵抗の生を歩んだと言えるのかどうかも怪しく思えてくる。

「在日」は果たしてどうなのか。「在日」にとって、絶望、抵抗、敗北、そして抵抗の持続とは何なのか。「在日」は植民地支配の所産であり、その分、歴史や社会の構造的関係からして、その人生が振幅の度合いのかなり激しいものであったことは容易に想像できる。そこからも、「在日」が、

「日本人」以上に、総体として、苦と楽、絶望と希望、邪と正、闇と光といった二項対立ではなく、その混在の中でもがき続けてきたことは確かである。そうしたことを考えるとき、私は、竹内が口にする「絶望」とか、「抵抗の持続は敗北感の持続である」といった言葉が気になり、むしろその言葉に魅力を感じつつ、あらためて「在日」のことを振り返ってみたくなった。もしかしたら、「在日」の歴史、生きざまを絶望とか、抵抗、敗北感の持続といった視点で新たに読み解いていけば、「在日」の総体が何か、もっとわかりやすいものになるのではという期待も生まれてくるのかも知れない。「在日」の過去と現在だけでなく、未来についても……。実際、いまや「在日」という言葉自体、定義も曖昧になりつつあるなかで、絶望、抵抗、敗北感の持続といったことの意味をしっかりと問い続けていけば、「在日」の未来がどんな形のものになりうるのか、ということも思考の範囲に入ってくるのかも知れない。

もっともそうは言っても、結論めいた何かを、明示的に予見するのは難しいし、そんなものは期待しないほうがいいのかも知れない。日本・南北朝鮮の「三つの国家のはざま」にあって、一世、二世にとって「在日」の共通項は、良かれ悪しかれ、「民族」であり、「祖国」であった。「在日」は何よりも、日本の植民地支配の被害者であり、民族の独立、祖国の統一が夢であり、希望であった。日本人が植民地支配の歴史を忘却するなかで、竹内好が「民族を思考の通路に含まぬ」思想態度を批判したのとはまた別の次元で、「在日」にとって「民族の回路」は避けて通れないものであった。しかもそこには、鶴見俊輔が竹内の思想のあり方について「現実把握の弱さ」があったと評したと同じような陥穽があったとも思われる。しかしそのことは別にしても、日本社会の右傾化が極端に進行していくなか、いまや「在日」の三世も、すでに「民族」「祖国」「在日」の連関から踏みはずれつつあるようでもある。在日文学研究者の磯貝治良は、三世以降の新しい世代は「根生（ねおい）の存在」になりつつあるのではないかと指摘する。つまり彼ら／彼女らは日本社会にしっかりと根をおろした存在だというのである。この「根生い」は日本人への完全な同化を意味するのではなく、あくまで「在日」を生きる存在であるという。「民族アイデンティティ」に安住できず、多様なアイデンティティ（アイデンティティの多様性）を探しあぐねて、苦闘しているのだ、と言う。「若い世代に歴史意識や民族的素養が欠けているとしても、ルーツを共有する他者の歓びや苦悩に共振できる」存在であると言う（『架橋』第28号、在日朝鮮人作家を読む会、二〇〇九年春）。

私個人で言うなら、紆余曲折を経ながらも人生を歩んできて、いまや「絶望、抵抗、敗北感の持続」の言葉そのままに、いかにして絶望の現実を認めつつ、敗北感を持続させて、抵抗の人生をまっとうさせられるかが一番大事な命題となりつつある。そうなっているという自信はないが、たぶん、そう願っているというのが正確なのかも知れない。植民地時代の朝鮮人や在日一世、二世の生きざまについては金石範《キムソクポム》や金時鐘《キムシジョン》を始めとする在日朝鮮人文学でさまざまに表象されてきた。反日・抗日・独立・転向・統一、さらに家族そして組織などをめぐる情愛や勇気、希望そして裏切り、苦衷、葛藤、抵抗、絶望等々の様相がさまざまに語られてきた。個別の課題としても、被爆者やBC級戦犯・「従軍慰安婦」・徴用工など、国籍・戸籍ともからむ問題が累積し、苦痛の闇が深く続いたままである。しかしそうした歴史の流れの中で、在日三世以降では、おそらくまた違った側面で語られる必要があるのだろう。

その点、私はここで、深沢夏衣《ふかさわかい》の『夜の子供』（講談社、一九九二年）のことを思い出す。「帰化者」の悩みを綴り、「在日」そして人間の根幹を問おうとした小説である。世代的には二世であるが、祖国や民族・政治に組み込まれた時代状況の中でのそれまでの男性作家の作品とは違って、新世代文学への橋渡しの役割をになう。家族や親族の人間関係、日常生活に表れる軋みや葛藤など、アイデンティティの揺れやナショナリティへの違和感が女性のまなざしで描写され、「帰化者」の主体の問題が語られる。一六歳のとき、両親が「帰化」して日本国籍をもつことになったが、生の根源、ルーツを失ったという「在日」としての苦悩が彼女を駆り立てる。そして日々の生活に漂う空虚、絶望、抵抗、敗北の感情が赤裸々に吐露され、それでも居場所のない傍流に自らの存在根拠を見出そうと悩み続ける。それは言ってみれば、「ドレイであることを拒否する」ことを夢見ることだったのかも知れない。

『夜の子供』で、「在日」の雑誌社に勤める女性主人公は、在日朝鮮人というアイデンティティは突きつめていけば、三十八度線の南と北のどちらかに帰属、収斂されていくしかないようだ。在日朝鮮人は南の韓国、北の共和国のどちらかに精神的支えを置くしかないのだろうか、と疑問を呈する。それでも祖国とか民族の言葉に温もりのようなものを感じていた彼女にとって、周囲の人びとの口から発せられる祖国や民族という言葉で、息苦しい場所に追いやられるようになっていく。それらの言葉はそれぞれの立場によってカメレオンのように姿を変え、糾弾、攻撃の言葉になってしまう。彼らは何を愛し何を欲しているのだろう。分裂か、それとも抗争か。なぜ祖国が慕わしいのか。自分の足元を覆っているこの暗く厳しい現実にこそ、なぜ眼を向けようとしないのだろうか。自分たちよりも大切なもの、それが祖国であり、民族なのか。それが思想とか政治とかいうものなのか。もっと自由に心穏やかに、そしてひとを愛して生きたい。しかし、ひとはこの私を認めてくれないだろう。なぜなら私は「帰化者」だから……。

私は竹内好の思想を学ぶことによって、近代の自己形成史における主体の重要さを知り、そこにおける絶望とか、抵抗、敗北感の持続の大切さをいちおうは知ったつもりである。しかし実際問題として、それらによって、「在日」の過去と現在を理解することができるのであろうか。世界にはいまや難民・移民があふれかえり、「在日」の存在そのものがある意味で「普遍性」を帯びつつある。そうした世界の不透明さの中で、「在日」の未来のありようをどう予見することができるのであろうか……。失敗してもいい、敗北してもいい。とにかく必死に生きることである。

Ⅶ

彷徨の旅

——森崎和江との対話を試みて

先に「漂泊を生きる――放哉、山頭火、金サッカ」という文章を書いて、孤独や放浪、生き方、そして死など人生の根幹的な問題についてそれなりに書いたつもりである（本書Ⅱ参照）。しかし、はたして漂泊詩人についてだけ書けばいいのかという疑問がわき起こり、少しではあっても孤独や放浪、そして多分死についても書き綴られた文学作品を取り上げて論じてみるのも必要ではないかと思った。もちろんそんなことをいうと、膨大な数の文学作品やそれらについての研究書や評論の類が限りなくある中で、どうすればいいかわからなくなってくる。何の蓄積もない私がそう簡単に手をつけられるはずはない。

そんなことを考えると、ここではとりあえず、朝鮮に育った植民者二世の森崎和江について触れるのがいいのではないかと思う。植民地朝鮮に生まれ育った森崎和江のコレクションに『精神史の旅』全5巻というのがあり（藤原書店、二〇〇八－〇九年）、その第4巻が〈漂泊〉と題されていたことから思いついたことである。森崎和江については関連の論稿もたくさんあるが、玄武岩《ヒョンムアン》の『〈ポスト帝国〉の東アジア――言説・表象・記憶』（青土社、二〇二二年）に収録されている「森崎和江の越境する連帯の思想」はその代表的なものである。森崎和江を取り上げることはもちろん、私自身のことを考えたいためであり、その意味では、私が森崎和江と対話してみたいということである。

一　在朝植民者二世

森崎和江は一九二七年四月に森崎庫次・愛子の長女として、朝鮮慶尚北道大邱府三笠町で生まれ、二〇二二年六月に福岡県福津市の病院で九五歳で死去した。生後一七年間、大邱、慶州、金泉で暮らすが、四三年四月に母を亡くす。四四年二月、一七歳のとき、進学のために九州に行き、福岡県立女子専門学校（現・福岡女子大学）に入り、日本敗戦後に卒業する。森崎は数多くの著書の至る所で、「私の原型は朝鮮によってつくられた」と書いている。朝鮮のこころ、朝鮮の風物風習、朝鮮の自然によって自分は育まれたという。内地人の子として生まれた内地人であるが、じつは内地知らずの内地人であり、植民地で生まれた女の子であった。その存在は、日本と朝鮮、加害者と被害者という単純な対立図・対応図では描けないものであった。朝鮮人の暮らしの中で育ったにもかかわらず朝鮮を知らず、また日本、日本人が何であるかも知らなかった。

リベラリストでありながら内鮮一体を説く父は朝鮮人の反日意識と現地の憲兵の両方から追い詰められていった。慶州中学校初代校長であり、ついで金泉中学校校長となった父は、「ぼくは前と後からピストルで狙われている」と不安を口にすることが日常化していた。そして朝鮮人の創氏改名が施行されていくなか、結局、森崎和江は父の差配で、高等女学校の卒業を待たず、金泉から級友に何も告げないままに、逃亡するかのように軍民混合船に乗って下関に渡る。福岡女専卒業後、肺結核の症状で一時療養所生活を送るが、以後、詩誌『母音』の同人となる。松石始と結婚して娘、息子の二子を産む。やがて一九五八年、三一歳のとき、谷川雁・上野英信らと文化運動誌『サークル村』を創刊し、谷川雁と同居する。同誌には石牟礼道子も参加した。その後、女性の交流誌『無名通信』を主宰する。

植民地朝鮮で育った森崎和江は、両親からデモクラシーのはしりのようなものを叩（たた）き込まれていたので、荒廃した中での戦後日本の民主主義が「うすっぺらな飾りもの」のように見えた。そして閉山で荒れる筑豊で生活する経験の中から、極貧の中で男たちとも対等に「愛と労働」を生き、やがてその存在も忘れられた女坑夫たちの生きざまに関心を寄せ、「日本的母性」の対極にある意志と感受性を我がものにしていく。搾取・差別される人たちの視点を重視するが、とくに女に対する男の横暴性・暴力性を告発し、女の自覚・自立を訴えた。女性炭鉱員からの聞き書き『まっくら』や『からゆきさん』『闘いとエロス』などを発表し、独自の文化論やエロス論を展開していった。

十数歳の違いはあるが、植民地二世で朝鮮生まれ朝鮮育ち、日本で暮らした女の森崎和江と、「在日」二世で日本生まれ日本育ち、そして日本で暮らした男の尹健次《ユンコオンチャ》の人生行路にはどんな違いがあり、どんな共通点があるのか。森崎和江と尹健次を並べて書くということ自体、不遜な態度かも知れないが、とりあえず、森崎和江の人生の軌跡を追ってみたい。ただ私が森崎和江について書こうと思っていると長年の友人に話したところ、その友人は声を荒げて、森崎和江について男は書くべきではない、書いてはいけないのだ、と言った。とくに尹健次にはその資格はないと、強い口調で言われた。私が女、とくに森崎和江について何か言うのはトンデモナイ、と言うのである。いずれにしろ、以下、引用の多くは『精神史の旅』全5巻からであり、「年譜」も参照して、それ以外も含めて、必要な場合は、明記した。

二 思想の原点・原罪意識

大邱で生まれ育った森崎和江は十一歳のときに父の転勤にともなって慶州に転居した。用意されていた仮住居はヤンバン(両班)階層の伝統的な家屋で、生活は新羅時代の古都の典雅な伝統に触れるものであった。森崎にとって「この時の転校は、わたし個人にとっては思いがけない視野の展開をもたらし、……慶州に魅せられ出した」(『慶州は母の呼び声――わが原郷』新潮社、一九八四年)。オンドル部屋、土塀、田舎街ながらも古都の遺跡に囲まれ、一日おきに朝鮮市がたった。ヤンバンが昔からの支配階級であることもこの頃、知った。しかも普段の生活では朝鮮人のオモニやネエヤがいつも側にいた。家で家事をしてくれる朝鮮人の家事使用人は固有の名前で呼ばれることはなかったが、それでも日常の生活ではもっとも身近な朝鮮人として、その振る舞いや匂い、肌触りは、森崎の原体験としていつまでも忘れられないものとしてまとわりつき、しかも自らを責め続ける原罪意識の中心に位置づいてきた。創氏改名が進んでいった時期でもあったが、それとは関わりなしに、森崎が日本の女の姓が結婚などで変わることを知ったのもこの頃である。

在朝植民者二世にとって、内地の文化や伝統、自然の形象などは、日々体験する朝鮮の現実感覚とは乖離するものとしてあった。「内地はあくまでお話しの世界」であり、実際には子守唄といえばオモニを連想し、おじいさんおばあさんといえば、白い朝鮮服を着たおじいさんおばあさんであった。森崎にとって朝鮮の生活には何の流浪感もなく、自分を育んでくれたのは朝鮮の大地であり、身近な人びとの優しさであった。そのことに何の疑いももたず、自由にのびやかに過ごし、そうした生活が日本の朝鮮侵略そのものであることにまったく無自覚であった。内地人である植民者二世が何であるかを知らず、それが内包する植民地主義的権力性が何であるか感じとることができなかった。まさにそのことが森崎の原罪意識の核心であった。ただ日本人であれ、朝鮮人であれ、女性を人間らしく受けとめることのない視線をもっていることに、いつも疑問をもちながら育った。

「自分の出生が――生き方でなくて生まれた事実が――そのまま罪である思いのくらさは口外しえるものではない」(「二つのことば・二つのこころ」第1巻所収)。こうした森崎にとって思想の原点となる原罪意識は、進学のために朝鮮海峡を渡って下関に降りたときに芽生え始める。肉体労働は朝鮮人がするものだと思い込んでいた森崎は、日本に着いて力仕事をする日本人を発見して驚く。のみならず少女から大人へと成長していく時期、荒廃した敗戦前後の世相の中で、互いに排除・差別する人びとの旧態と、女性を商品にする人身売買や遊郭の存在にショックを受ける。しかも占領軍である米兵の振る舞いはことさらに植民地主義が何であるかを具体的に知らしめてくれる衝撃であった。朝鮮が故郷であり、日本は異郷であった。というより、自分を育ててくれた朝鮮が故郷であるという観念も虚像と化していくしかなかった。「たかが子供の時代ではないか、自分ですきこのんであそこで生きたわけでもなし、と思ったとて無駄である。選択せずにその地のすべてを吸収して自己を形成したことが、救いのないつらさを起させる。朝鮮のことや朝鮮人の動きに対して客観しておれず、平静さを失ってしまう」(「二つのことば・二つのこころ」)。それは生涯にわたる自己否定の始まりでもあった。そして森崎は、焼け跡に残った図書館で朝鮮支配の各種資料や関連本を読むことから自らの内面を問い直す作業を始めていく。そこではすでに持たされている支配・被支配の感覚を止揚して、自分のことばを持てるか否か、ことばによって思想を表現しうるか否かという課題が提起されることになった。

森崎和江にとってことばの問題はきわめて重要であった。「炊事の煙と女性の労働、社会的地位、性の問題……。言語の世界はなんと人間にとって浅いものなのか。そしてまた民族語とはなんと人間にとって偏狭なものなのか」(「二つのことば・二つのこころ」)。しかもそのことばは、人びとの感情と結び付いている。朝鮮と中国はともに日本が侵略の対象とした相手であるが、日本の大衆の両者に対する感情にはかなりの差があると、森崎は気づく。のみならず、日本は同調圧力が強く、同族どうしで排他的・差別的であった。敗戦前、ジャズなどの西欧音楽を聴くことや油絵を描くことは「非国民」とののしられることに繋がった。敗戦して初めて、ジャズが全身の皮膚にしみるように華やかなものとなり、自分の命を実感しながら賛美歌をうたい、夢中で絵を描き始めることもできた。

そうしたなかで、森崎和江にとって、敗戦は自分自身を呑み込むことになる。「いったい日本とは何なのだろう」、「私は日本とどうつきあえば生きていけるのだろう」と、深刻に悩み始める。戦後民主主義のあり方にいびつさを感じ、連帯運動・抵抗運動なるものになれあいを感じて仕方なくなる。森崎によれば、一般に、引き揚げてきた植民者二世が目にする日本は、びっくりするほどの旧態をもった男尊女卑の「くに」であった。洗濯物も男性のものと同じ竿に干してはいけないという雰囲気が満ち満ちた社会であった。そうした結果であろうか、故郷に帰った小学校の同級生のKさんは、恋をして自殺した。一〇代末だったという。同じクラスだったYさんも、やはり恋をして、いのちを絶った。娘だけでなく、同級生の男の子も、死を選んだ。M君も、S君も。そして森崎の弟の健一も、早稲田大学在学中に「ぼくにはふるさとがない。女はいいね、何もなくとも産むことを手がかりに生きられる。男は汚れているよ」と言い残して、とある教会で、自死する。一見、地域や家の平安は保たれているように見えても、その血縁地縁の共同体に、「私」ということばの基盤はまだ育っていなかった。村にある多くのもので個人に属するのは、ご飯茶碗だけといわれ、あとはすべて家のものだったという時代、天皇の赤子たれという掛け声は消えても、いかに個の尊重の場を築き上げていくのか、という思想、生活の根幹に関わる課題が目のまえに迫ってきたのであった。

三　日本とは、日本人とは

日本で生きるしかない森崎和江にとって、方法はひとつしかなかった。「それは自分の中の日本人の発見でもあります。また、未知の日本の風土に、それまで私に命令しつづけていた日本精神とは質のちがった、私の好きな日本を見つけだすことでもあります。そうせねば堪えられないし、生きられない。私は見つけだした日本の中に埋もれたい、と思いました、そうして、そうすることで、私のてのひらにのこっている、汚れた夢の罪深さを忘れたい。つらくてたまらないのです」（「神話とふるさと」第1巻所収）と。朝鮮の風土、朝鮮人の雰囲気、朝鮮人のクラスメートたち、自分を養ってくれた風物のことごとくが好きだけど、それらのもとに帰りたい心をすべて亡ぼしてしまいたい。そして日本のどこかにまるごと埋もれて、腐ってしまいたい、と切望する。森崎和江コレクション『精神史の旅』第3巻〈海峡〉に、梯久美子が「時代も思想も超えて　ただあなたの言葉だけが」という「解説」を寄せている。

梯久美子の問いに森崎和江が答える。「植民地で生まれたわたしは、日本が、日本人が、わからなかった。日本の女としてあの地にもう一度立つには、ちゃんと日本人を知らないといけないと思った。……心に何の傷も負わず、いつもお腹いっぱい食べて、自分たちの生活がそのまま侵略であることにまったく無自覚だった。だからいつか朝鮮に、ごめんなさいを言いに行きたかった……。そのためには日本の女として生き直さなければならない。植民地の垢を洗い流して、一人の生活者として生まれ変わりたい。そして半島の人に謝りたい」。では、「誰から、日本人であることを学べばいいのか――。……わたしも自分にとっての母国がみえないまま、(自死する直前の)弟と夜明けまで、とぎれとぎれに語りました。孤独に耐えて尊敬できる日本を探そうね、と」。つまり梯が言うように、森崎は、尊敬できる日本、それを、労働に生きる無名の人びとの中に、探そうとしたのである。そして出会ったのが炭坑労働者であり、とくに女性の炭坑労働者であった。

家族が引き揚げてきて、森崎和江は最初父の郷里に暮らしたが、その郷里には、自分らの分身を迎えるような昔ながらの表情があった。はたして自分に呼応する場所はどこか。普通なら、引揚者として疑いもなく落ち着けるのは、植民地の都市と質的にかわらぬ東京であるはずであったが、もう一度日本を探したかった森崎は、都会に暮らしても日本人としての誇りなどすでにもてなくなっていた。そしてどうにか流れて行き、とりこにされ、いいなと思うようになったのが九州の筑豊であった。

森崎和江は筑豊に二〇年暮らした。人は筑豊というから炭坑に住んだと思いがちであるが、筑豊は地下に炭層が走る地域であり、地表はまず、農村であった。炭田地帯のはずれの半農半鉱の言わば町に住んだのであり、近くには炭坑の住宅がいく箇所も建っていたけれども、森崎の暮らした場所はいちおう住宅街であった。もっともそうはいっても、「心はやっぱり炭坑町の一住民だった」と言う。近代百年、石炭鉱業の歴史が凝縮された筑豊で暮らすことによって、心はそれでも炭坑の人たちにつきっきりになっていき、少しずつ、少しずつ、日本への警戒を自信めいたものへと転じていった。正確にいえば、「日本への、とは自分の中の日本人への」、と言ってよかった。森崎にとって「筑豊に住む」とは、海に面した地図上の地域を指すのではなく、「(自分の)意識を語ることば」であった。

筑豊の炭鉱といえば、炭鉱記録画家として数々の炭坑絵画を描いた山本作兵衛(一八九二―一九八四年)の名前が思い起こされる。五八歳で長尾鉱業所位登(いとう)炭鉱(田川市)の閉山で退職するまで、採炭員や鍛冶工員として筑豊地方各地の炭鉱一八ヶ所を転々としながら、日記や手帳にその記録を残した。その後、一九五八年五月頃から、「子や孫にヤマ(炭鉱)の生活や人情を残したい」と、回顧して記録文と墨と水彩による記録画に挑戦、明治末期から戦後にいたる炭鉱やその生活の様子を多くの作品に描いた。いまではユネスコの世界記憶遺産に登録されるまでになっているが、森崎和江もこの山本の炭坑絵画に大きな刺激を受けていく。

一時療養の身であった森崎和江はベッドで詩を書き始め、やがて『母音』の同人となって作品の発表を続ける。以後、森崎の文章を読んでいくと、そこには朝鮮人、在日朝鮮人の姿が影のように潜んでいるようであった。筑豊の炭坑労働の現場にも、当然のことながら、多くの朝鮮人が投入されていた。筑豊の石炭財閥が、戦争協力・資源開発の一環として朝鮮人労働者を酷使し、搾取し、悲惨な状況に追いやっていたことは歴史の事実であり、それだけに森崎にとって、筑豊に住むことは苦痛そのものであった。

森崎にとって在日朝鮮人に接するのはたやすいことではなく、ハングルを学ぶことも難しかった。弟の死後、諸方をさ迷っていた森崎はやがて地下で働いてきた母世代の女たちを知り、裸体さながら生身で時代を生きてきた女性の心にすりよるようにして、なんとか自分で自分を生み、そして生き直したいと願った。森崎がようやくハングルの一字一字を書いて部屋の壁に貼ったのは三〇歳半ばのころであり、それから長女のクラスメートで、朝鮮学校に転校したホルモン焼き屋の娘から朝鮮語を習い始めるようになった。父親は在日朝鮮人、母親は日本人の家庭の子であった。独学めいた贖罪の月日であったというが、まだ朝鮮語の辞書もなかった(『愛することは待つことよ――二十一世紀へのメッセージ』藤原書店、一九九九年)。森崎がハングルをきちんと学び始めるのは、一九六六年、三九歳のときからであり、先生は九州大学農学部に初めての韓国人留学生として来た趙誠之《チョソンジ》であった。

四　性と階級の問題

森崎和江が『まっくら――女坑夫からの聞き書き』(理論社)を出版したのは一九六一年である。上野英信の『地の底の笑い話』(岩波新書、一九六七年)と並んで、炭坑労働者の声を伝える稀有な記録文学であり、ともに山本作兵衛の炭坑記録画を挿絵に使っている。森崎にとって、女坑夫からの聞き書きは、性と階級の問題との格闘であった。森崎には海外に売られた女性たちを描いた『からゆきさん』という書もあるが、女性と労働、性と国家、植民地と暴力といったテーマが森崎の終生の課題であった。まさに「生きること」、そのもの。地底の採炭現場は石炭を掘る男・先山（さきやま）と、その石炭を後に運ぶ女・後山（あとやま）の組み合わせでなっていた。「後山たちはもうのっぴきならない捨て身の構えで働きくらしていました。それでも子を産みたい欲望をもち、自分を主張したい意地をもっていました。生活のぜんぶが、人間的なものの抹殺であるようなぎりぎりの場で、労働を土台として、その生を積極的に創造しようとしました」（「あとがき」、『まっくら』岩波文庫版、二〇二一年）と。

それ以前、一九五八年、三一歳のとき、森崎は谷川雁・上野英信らと文化運動誌『サークル村』を創刊する。安保改定阻止国民会議が結成され三池争議が始まった年、九州全県と山口県の地域や職場のサークル相互の交流と連帯を目的として刊行された。森崎にとっては何よりも、近代日本の問い直しのなかで、朝鮮や筑豊に住む人びとが過酷な収奪の対象となると同時に、民族、階級、性などにより序列化され、差別し合う姿に心が痛んだ。そこには当然、民族、階級、性の「境界」をどのように取り払い、連帯を獲得することができるのかという思想的課題が立ちはだかっていたはずである（玄武岩、前掲「森崎和江の越境する連帯の思想」、『〈ポスト帝国〉の東アジア』所収）。

「サークル村」の文学表現は、「日本人」そのものを凝視することであった。そこでは差別と棄民の重層構造の背後に、天皇制の問題を見据えようともしたはずである。しかし森崎の目からすると き、連帯をめざす「サークル村」の活動の中には女性の問題に無関心な男性中心主義があり、また自分の植民地体験もなかなか理解してもらえない雰囲気があった。一緒に暮らす谷川雁に生誕地朝鮮への贖罪の思いを伝えはしたが、了解してもらえなかった。そのために森崎は筑豊でサークル運動に関わりながらも、一九五九年、女性交流誌『無名通信』を発行する。日本の植民地支配の基底にあったのは、また、筑豊の炭坑町や各地の隅々にあったのは、家父長制から抜け出せない共同体のあり方であり、日本的な母性であったと考えていた。とりわけ森崎にとって、男の女に対する横暴性・暴力性は許せないものであった。森崎にとっては、女性の悲惨な記録を跡づけるだけではなく、その中で必死に生きようとする女性たちの深い精神性を自分の問題として受けとめたい、という思いがあったはずである。『無名通信』のガリ版刷りを手伝っていた若い女性が、深夜、炭坑町の自宅で犯され、殺される。森崎はただちに『無名通信』を廃刊し、レイプ犯もまもなく逮捕されるが、犠牲となった女性の兄が、鉄道線に身を投げて死ぬ。森崎自身、ショックで起床不能に陥り、かろうじて炭坑で働く人たちに支えられながら、朝鮮体験を客観視する心のバネを回復していく長い時間を過ごす。

五　「日本の一人の女」へ

とりかえしのつかない朝鮮体験をした森崎和江にとって、日本とは、日本人とは、そして「いのち」とは、と自問しながら彷徨するのはやむを得ぬ道行きであった。子育てをしながら聞き書きを続け、旅を重ねていく森崎は、性と階級を軸に「民衆」のあり方について鋭い文章を書いていくが、それは社会科学的な思考を深めていくというよりは、さまざまな人びととの出会いを通じて、心情世界に根ざす内的対話を深めていこうとするものであったと言ってよい。文字文化中心の植民者二世の虚構を経験した森崎にとって、「私にとって、文字に縁なく、そんなものを無視して暮らす人びとは、新しい泉に思えた。私は救われたかった」(「[付録]聞き書きの記憶の中を流れるもの」、前掲『まっくら』岩波文庫版)と述懐する。そしてその場合、森崎は、柳田國男の著作を日本探しの手がかりにしたという。柳田民俗学はそれ自身、また時代の波をもろにかぶりながらも、しかし時代に耐え抜いてきた庶民の声を聴き取ろうと、苦難の曲折を経てきたと感じるという。民俗学とか、民間伝承、祭りや祈り、シャマニズム、そしてすべて生き続けるものへの関心、それは結局生死を超えて他の者と内的な関わりをもつことに対する感動の証明であるのかも知れない、と。

もちろん、森崎和江にとって、人の心のひっかかりや揺れ動きはいつも曖昧で、形をなさないままに漂い、たなびき続けるものであったのかも知れない。人の存在そのものが本来そうしたものであり、ひとつの場所に留まっているものではないだろう。その上で、森崎は、自分が求めるのは、「個人のふるさとでもなく、帰属する国家でもなく、分立する宗教界でも対立する民族や文化文明でもなく、それらをかいくぐりつつ、いのちの星に生まれたいのちたちの共存への、幻なのです」(「悲しさのままに」第4巻所収)という。もとより森崎にとって、「私の不安は、ごく普通の暮らしをしている日々の日常性にひそんでいる」ものだった。「まるで、よそからまぎれこんできて、自分のくにへ帰ろうと急いでいる旅人のような……。私は一体何ものなのか。そんな不安が、日本で生きて以来、ずっと消えない」（「ナヨロの海へ」第4巻所収）と。

しかし、それでも、森崎和江にとって、階級社会・植民地社会における性役割の強制と女性による性役割の内面化をラディカルに批判することがきわめて重要であった。たんに日本や日本人を求め続けたのではない。あくまで「日本の女」であり、「女としての日本人」であった。つまり「日本の一人の女」としてどう変転していくのかであった。森崎にとって、性と階級の矛盾を再生産する集団的無意識を告発することは、必然的に女として、植民地主義を鋭く問うていくことであった。それは植民者＝加害、被植民者＝被害の図式を受け入れがたくする屈折と自己矛盾の発露となるしかなかった。「封建的な生き方はいやだと思いました。だからといって、希望があったわけではありません。日本と私個人の関係に光が見えてこないのです。何よりも、自分が生まれたことに対する原罪のような思いが、重く厚くたちこめていました」（「神話とふるさと」）。一七歳のとき九州に渡った森崎はこうして、思想の遍歴を始めた。そして『無名通信』を出すなかで、「俗にいう女らしさ」の問題点に気づいていく。「女たちは何が欲しいのでしょう」という仲間との話し合いのなかで、次のようなことばに心をとどめる。「自分自身をとことんまで見抜かずに（夫などに）寄りそってしまう。寄りそわねば日常生活がうまく動かないことが多いでしょう。そういう自分に抵抗していながら、どこかに、よりそうやさしさにみせかけた女のいい加減さがある」（「性のやさしさを」第2巻所収）と。

こうして森崎和江は炭坑での聞き書きや旅をするなかで、女たちの痛みを書き続ける。そしてひとつの自覚をもつようになる。「性と階級との内的関連性を思想的にとらえて、それをさまざまな人間解放のたたかいの中で展開するまでに日本の人間観・階級観は育ってはいないのです。……性は、愛しあう二人が、単独者の世界を越えて、一対の意識を生み出そうとして異性を呼ぶ声です。異性へのやさしさです。たとえ子供であれ老人であれ、また独身であっても、人間であるかぎりあたためることができる心と肉体の一致点です。異性世界のありのままの姿を呼ぶ声です。……性を異にする心とからだへの呼びかけだからこそ、「性が思考の対象となる」のです。また性は、愛しあう二人だけの問題ではなく、人間世界に、男と女しかいないことの文化的証言へと結びつく原点です。……男性世界と女性世界とは、それぞれ固有の特質を伸ばしながら、文化のエコールとして、共存しなければなりません。男性世界だけが文明であった世界のなれのはてが、今日の、人間死滅を潜在させた文化だと、私は心の底から思います。女たちは、男の閉鎖性をやっつけることよりも、あやまりをおそれることなく、女を表現する道をつくりあうことで彼らを開かせたいと思います」(「性のやさしさを」)。

引用が長くなったけれども、私は森崎和江のこのことばに感動しながらも、その言わんとすることを十分に理解しているわけではない。むしろ、それよりも、私の人生行路はあまりに未熟なものだったと言うしかない。しかし森崎自身、何か特別な女の物語を求めたわけではなさそうである。旅をしながら、日本が、そして女がわかってきたというが、そこで見つけたのは、「黙々と働いていた女たちのただふつうの朝夕」だったという。九州から、北海道、東北、そして韓国、インド、そしてまた日本。そうして女の朝夕をたどりながら「私もどうやら日本が手にごつごつ感じとれてきたように思う」と言いつつ、いきついたのは「女性の無名性」、「女の普通の生活の姿」だったという(三砂ちづる「〈解説〉帰還する道——ひとりひとりの女性の朝夕から」、森崎和江コレクション『精神史の旅』第4巻)。そこには当然、産む性が直面するきびしさと、そして家族や人間関係に内在する諸々のつらさや葛藤などが含まれているはずであった。こうして戦後も半世紀を過ぎた頃にやっとのこと、森崎は「おかげでわが心のふるさとが開かれ一人の日本の女へと再生した思いとなっていく」(「あとがき」、『精神史の旅』第4巻)。

六　故郷・韓国への確認の旅

森崎和江コレクション『精神史の旅』の第5巻は〈回帰〉がテーマであり、それはまがりなりにも「日本の一人の女」となった森崎が「故郷・韓国への確認の旅」をする話が中心である。朝鮮の南北分断それ自体、日本の植民地支配によるものであったことに心を痛める森崎は、一九六八年四月、四一歳のときに、戦後初めて韓国を訪れる。亡くなった初代校長の父の代わりに、慶州中高等学校の創立三十周年記念式典に招待されたのである。祝賀会の後に同校第一期生らにソウルに招かれ、数日接待を受けたあと、大邱市に立ち寄った。もとより、訪韓を決意するまでの森崎の心情は複雑であった。植民地の二世ではなく、まがりなりにも日本の何かでなければならなかった森崎は、敗戦後二十数年かけて、まことにいびつなものであったとはいえ、ようやく「訪韓の資格の基礎はできたという思いで飛行機に乗った」のである。しかしそれはけっして確固たる自信ではなかった。

歓迎会の席上、そんな不安を口にするや、空港に出迎えてくれていた第一回卒業生で、昔慶州で家族とも親交のあった男性が、激しくたしなめた。「森崎さん、あなたどう考えます？青年期まで他国語が思考のすみずみまで浸透し、日常的思考さえ他国語であり感覚の大半が他国の思考方式になっていた人間が、ほんとうの意味で自己をとりもどせると思いますか？」、「一見、加害・被害関係にあるかにみえながら実体はそこにとどまってはいないものが、一筋の歴史を生み出すということ、それをいまここで確認しあいたいということです」（「故郷・韓国への確認の旅」第5巻所収）と。その男性自身、当時の韓国の知識層がそうであったように、日本語・日本文化で血肉化されていた世代であった。森崎にしてみれば、歓迎してくれた彼らは各自に、脱ぎ捨ててしまうことが不可能な体験として日本の影を抱え込んでいることを知ったのであり、その影は逆に、必死に日本人になろうとしてきた森崎自身にも投影されているものだったのである。解放されたあと南北分断を生きてきた韓国人も、引き揚げてのち苦しんだ植民者二世も、ともに過去を引きずりながら同じ時代を別の立場で過ごし、新しい歴史を築いていくしかないと、受けとめていいのであろう。

森崎和江は「訪韓スケッチによせて」（第5巻所収）という文章を書いて、ソウルで出迎えてくれたA氏との対話に触れている。A氏は解放後二十数年たっても感覚はまだ日本語を話しているとしつつ、「どうお考えですか。精神の形成期に使ってきたことばから、人間は完全に抜けられると思われますか?」と。それに対し答えあぐねた森崎はそれでも、「敗戦後、にほんでことばに悩みました。にほん語がふたつに割れるのです。ふたつの心に割れる。……、あえていうなら、わたしの中で自分がふたつの民族の心に割れる」と。きわめて重たい発言であるが、森崎はこう続けた。「わたしの持つことばの分裂感は自民族と相手側の民族との両方に対するコンプレックスにちがいないんです。が、どちらへも密着し得ないというのはマイナスだけかどうか。これは在日朝鮮人の、ことばと思想との内的関連とも関係して考えているのです。わたしたちはこれを両民族に対する批判的な力量へまで追いこむほかないと思います」と。

七 「在日」にとって森崎和江とは

森崎和江について語ることは難しい。それは森崎がここで述べているように、在日朝鮮人の生きざま、思想の問題と、もろに絡んでくるからである。異なる点もあり、共通点もある。何よりも日本の朝鮮植民地支配という歴史をともに背負っている。森崎は朝鮮で生まれ育った内地人、植民者二世であり、日本の敗戦直前から日本で暮らした。それに対して、在日朝鮮人は日本の植民地支配のもと、朝鮮半島から日本に移住して暮らした一つの民族集団であり、その子孫である。厳密に言えば、「在日朝鮮人」とか、「在日コリアン」とか、「在日」は、敗戦後も日本に居住し続けたマイノリティを意味するが、日本が不当にも「日本国籍」を剝奪して地域名としての「朝鮮籍」を強要して以後、曖昧な形で「外国人」として位置づけられ、放置された。南北朝鮮が独立国家となった一九四八年八、九月以降、国籍としては「大韓民国」への変更が増えていくが、実体はやはり、旧植民地の被支配民衆、政治的主権のない「無国籍者」であった。今日に至るまでの歴史の流れで言えば、「在日」は一世とか二世、三世・四世とか言われるが、親がいつの時点で日本に渡って来たのかによって、その概念は大きく変わる。また戦前来の「特別永住者」を主とするオールドカマーだとか、一九八〇年代以後に増えるニューカマー、そして数十万に達するその間の「帰化者」などに分類されもしようが、その区分自体がじつは曖昧模糊としたものである。世代によって、所持する国籍、男と女、出身地方と居住地域、学歴の相異、貧富の格差、その他さまざまな指標からするとき、「在日」とは何か、という定義自体がすでに困難な情況になっている。その点、ここで言う「在日」とは、あくまで私、つまり筆者の経験、人生行路を軸に置いたある意味恣意的な観点によるものであることを前提にしておきたい。

森崎和江は、朝鮮でぬくぬく育ったという「原罪意識」をもったと言う。しかし、「在日」に果たしてそうした原罪意識なるものがあったのかどうか。多分あったとは言えないだろう。朝鮮であれ、日本であれ、生まれて育ったこと自体を否定することはできなかった。あるとするなら、祖国・故郷を追われての「不遇の意識」「喪失感」「屈辱感」ではなかったか。在日一世は故郷を恋しながらも、まともな職業も社会的地位もない異国の地において、閉ざされた生を強いられた。生活や意識のすべてが「まるごと朝鮮」であった在日一世にとって、日本では異質の存在であり、日本語もよく通じないことは自明の理であり、しかし日本社会の差別と抑圧の中にあっても、いっさいの悲哀と憤怒を捨て去ることなく、必死に日々の生活を営もうとした。ときには自暴自棄になることもあったが、基本的には自立する精神を垣間見せ、冠婚葬祭などの伝統的な文化・風習を守ろうとしたと言ってよい。そこには済州島とか慶尚道などという地域主義・地方主義があったが、しかし朝鮮はまさに偽りのない故郷であり、日本が異郷の地であった。チェサ（祭祀）を大事にしたのもその表れであったが、「在日」が支配階層である「ヤンバン」を自称する傾向が強かったのも、自らの存在を意味づけ、美化し、特権化しようとする衝動めいたものではなかったかと思われる。

しかし時が経過し、世代が交代していくなかで、朝鮮が故郷であり、日本が異郷であるという思いは次第に転倒していく。時代はまさに南北分断、独裁政権どうしがきびしく敵対し、日本から自由に出国できない「在日」にとって、朝鮮の「故郷」はやがて幻と化していくしかなかった。しかしその中にあって、朝鮮がかつて侵略されたこと、その結果、南北分断があり、「在日」に対する蔑視や差別があり、日本社会一般そして国家システムその他に植民地主義的権力が根づいたままであることは日常生活において肌で感じとっていた。現実には同調圧力の強い日本で生活を営む、とくに日本の学校で学ぶ「在日」の若者にとって、日本人に対して劣等感を抱くことはごく普通の成り行きであった。実際に、日本社会に触れ、日本人の友人をもつことさえ困難であったとも言える。日本社会に憧れをもち、学校で日本名を使い、しかし日本社会に拒否される数々の生活体験をいくたびか重ねるなか、そこでたまたま、「在日」の民族組織や青年・学生団体などを通じて祖国の言葉を学び始めるや、それは人生を根本から変えるエネルギーを生み出すことになった。当然、その民族語は、森崎が言うような偏狭なものではなかった。知らなかった祖国と民族、歴史、同胞を知り、日本という閉塞性を打ち破る新しい希望に満ちあふれた世界が開かれる思いであった。祖国統一を声高に叫んだ総連（在日本朝鮮人総聯合会）の全盛時代にはとくにそうであったが、しかし政治情勢の変化、政治観・祖国観の変化とともに、民族語を習う根底には、いやがおうにも南北のイデオロギーに汚染された汚物が絡みついていたことをやがて実感していくことになる。それは偏狭なものであることを超えた政治的な敵対感情に彩られたものであり、「正義」とは何かという命題を根底から疑わせてしまうことにつながった。

確かに森崎和江がそうだったように、私自身、人生経験を通して、正義は真実ではなく、正義と思うのはあくまで教育その他ですり込まれた観念である、と思うようになった。植民地朝鮮がそうであり、敗戦／解放がそうであり、「在日」にとっては北の金日成《キムイルソン》、南の李承晩《イスンマン》らに始まる独立・統治がそうであった。正義はある日突然逆転するもので、信じがたいものである。いつか祖国は統一されるという希望も薄らいでゆき、日本の民主主義はまさに言葉だけのものに終始した。森崎にとって言葉の問題はきわめて重要であったが、私にとっても言葉は精神のありようの核心部分をなしているはずであった。しかし実際には、言葉の裏に隠された真実を見分ける力はなかった。私が大学生のころ、総連系の学生組織は「留学同」と言い、民団（在日本大韓民国民団）系の学生組織は

「韓学同」（在日韓国学生同盟）と言った。北優勢の力関係において「留学同」が圧倒的な勢力を占めるなか、「留学同」の正式名称が「在日本朝鮮留学生同盟」であることにそう違和感をもたなかった。祖国は朝鮮民主主義人民共和国（共和国）であり、その留学生として日本で学んでいるという位置づけ。日本生まれ、日本育ちがなぜ「留学生」なのか、そのもっとも基本的なところに転倒があり、虚偽があった。二一世紀の今日にあっても、「留学同」という名称はそのまま使われている。三世・四世の時代、いつまで言葉のごまかしが続くのか、唖然とするばかりである。

朝鮮に目覚め、祖国の言葉を学び始めたといっても、朝鮮語がそんなにすぐにうまくいくはずはない。大学卒業の少し前から、たぶんもう五〇年以上も学び続けているが、まだ「外国語」のようなものである。韓国から論文を頼まれた場合、私はけっして韓国語（朝鮮語）では書かないことにしている。微細な表現どころか、普通の文章表現にも自信はない。ソウルに行って講演するときはもちろん韓国語でするが、それは少々発音がおかしく、言い回しがヘタであっても、聴き手がきちんと受けとめ、理解してくれるからである。普段日本で韓国語を使うことはあまりないが、ソウルに行って一日たつと、舌が回り始めるようになる。そして講演では原稿を作らず、ちょっとした日本語のメモを見ながら韓国語で話し出すと、意識というか精神が高揚していくのを自分ではっきりと実感する。何のことはない、二つの言葉が分裂しているまま、瞬間的に同時通訳しているのである。俗にいう二つの言語を自在に操るバイリンガルではけっしてない。それでも、母語ではないが、祖国の言葉を使う人生の素晴らしさを味わうのであろう。言葉に霊力があるとまでは言わないが、言葉そのものが持つ力は侮れないものだとはわかる。

もっとも朝鮮語がある程度わかるといっても、その基本は文章語であり、生活語ではない。成人してから教科書などを用いて教えてもらい、学んだものである。幼いころ、父母は家で朝鮮語を使っていたが、子どもたちに教えようとはしなかった。食べるだけで精一杯だったのかよくわからないが、子どもにとって父母の朝鮮語は慶尚道なまり丸出しであり、夫婦喧嘩などのときは、それこそ汚い言葉そのもののように感じるものだった。朝鮮語を学び始めてから、ラジオなどでソウルの言葉を聴くと、とくに女の人の声は本当に素敵で、どんな美人かなと思うほどであった。最近でも、韓国の深夜放送などを聴くと同じような感じがする。本来、言葉は日常生活や地方、つまり故郷と結びつく情感や味わいをもつはずのものであろうが、私、そして「在日」の場合は、あくまであとから付け足して学び取っていくものでしかなかった。生活や故郷と切り離された言葉、それはいくら頑張っても朝鮮人（韓国人）たりうるものとなるはずはなかった。たぶん森崎和江にとっても、朝鮮で身につけた日本語は現実の生活から切り離されたものだったろうと思う。私の母の友人が大邱に住んでいて、大学院生だったとき、いちど訪ねていって日本語で話をしたことがある。前に触れたことであるが、それはそれは、見事な日本語であった。梨花女子専門学校（現・梨花女子大学）を出たインテリ女性であったが、幼いころ学んだ日本語は植民地朝鮮で教え込まれた「標準語」であった。たぶん当時、日本に暮らす日本人より、「綺麗な日本語」だったと思う。

植民地朝鮮で新しく育つ世代が、日本人・朝鮮人を問わず、日本語・日本文化を血肉化していったことは言うまでもない。森崎和江のような植民者二世はもちろんのこと、日本で暮らすことになった「在日」の金石範《キムソクポム》や金時鐘《キムシジョン》もそうであり、「解放」された南北の朝鮮で生を営んだ知識人たちも同じであった。一九八〇年代前半、八八年のソウルオリンピックに関心を寄せつつあった日本で、韓国を代表する知識人として話題となった李御寧《イオリョン》も韓国の大学で教鞭を執りながらも、日本語・日本語文化で血肉化されていた世代であった。二〇二二年に八八歳で亡くなったが、一九八二年に日本語で刊行した『「縮み」志向の日本人』は当時、日本人論と言えば『「甘え」の構造』(土居健郎著)が一世を風靡していたのに対し、敢然と反論するものであった。扇子や弁当、庭園、トランジスタラジオなど、何でも縮めるのが日本文化の特徴だとし、日本人は小さいものこそ美しいと考え、愛着を覚えると言った。その李御寧は「小学校六年まで植民地支配下で育ち、日本名を名乗らされた。「民族意識を持つ前に祖国は日本だということを徹底的に習った」。一寸法師、清少納言、石川啄木……。「幼いときの日本文化との接触が血肉化された」と振り返っていた」という(『朝日新聞』二〇二二年六月一八日夕刊、桜井泉筆)。

敗戦後、日本で生きるしかなくなった森崎和江は、日本とは、日本人とは、と深刻に悩み始め、自分の日本、日本人を見つけ出そうと苦闘していくが、それは自分なりの日本語を発見していこうとすることであった。「在日」で言えば、一九六〇年代、七〇年代、八〇年代と、少なからぬ者が逆の意味で、朝鮮、朝鮮人を発見し、朝鮮語(韓国語)を学ぼうとしたが、その多くは失敗し、挫折を味わうだけに終わったのではないかと思う。

先に紹介した作家の李良枝《イヤンジ》がそうであるが、自分のアイデンティティを確立しようとソウルに留学し、言葉を始め、舞踊や伽倻琴（カヤグム）、パンソリなどを必死に学ぶが、結局は挫折して、日本に戻ってしまう。作家の金石範は「満月の下の赤い海」という哀惜に満ちた文章で、李良枝にかわってこう書いた。「踊りとことば、韓国語は学習の対象ではない、ウリ・マル（母語）は、ウリ・ナラ（母国）の内化すべきことばだった。日本語はこのわたしのことばだろうか。日本語はわたしの軀の水脈のように血となって肉となって呼吸のように自然に出てくる。息詰ることはない。いまそのことで、下手な韓国語とのもつれでことばが途切れて行きづまる。すると、わたしのなかの韓国語、ウリ・マルが日本語に圧倒されて軀から剝がれ落ちる。所詮、母語ではない。学習対象、それがウリ・マル。学習対象がウリ・マル……。母語が当為性を失い、強制的に内化すべきことば。それが底辺でひび割れを起こす」（『満月の下の赤い海』クオン、二〇二二年所収）と。

八　「在日」、そして私は

森崎和江は日本と朝鮮の二項間で苦悶しながらも、最終的には「日本の一人の女」であることを目指し、それをかなりの程度に築き上げた上で、確認する意味も込めて韓国を訪れた、という。森崎にとって、日本と朝鮮はけっして二項対立的なものではなく、何も知らずに朝鮮で育った植民者二世の一人として、朝鮮への贖罪を果たしうる日本人になりたかったということである。そして自らを拘束する性と階級の矛盾を再生産する集団的無意識を乗り超えていくには、普通の女としての道を歩んでいくことが必須であった。そのためにまともな、というか生活者としての日本語を身につけ、かつて育った朝鮮の人たちが使うハングルも勉強したかった、ということなのだろう。しかしここで疑問に思うのは、それなら、旧宗主国に生まれ、そこで暮らし続ける「在日」はどうなのか、ということである。昔は祖国と意識された朝鮮半島は、世代交代を重ねた今では、親や祖父母の出身地やルーツではあっても、自らの存在根拠となりうるほどのものなのか。贖罪の対象ではもちろんないし、怨恨と逆に希望の対象となるほどでもないはずである。もとより世代によって違うし、個々人の境遇、条件によっても違うが、端的に言って、私にとって祖国や朝鮮語とは何なのか、ということにもなる。「日本の一人の女」という言葉になぞって言うなら、私は果たして「「在日」の一人の男」になろうとするのがよいのか、あるいはそんな命題自体、存立する必要のないものであるのか。

朝鮮語を学ぶことはどこまで自分のアイデンティティの確立に必要なことなのか、南北のどちらかに暮らすならいざ知らず、日本で暮らす身にとって、朝鮮語はどこまでこだわるべきものなのか、またその必要性、現実性はどうなのか。さらに根本的に言うなら、「日本」というのがあり、「朝鮮（韓国あるいは共和国とか）」というのがあるとしても、「在日」というのはいつまであり得るのか、いつまで議論し得るものなのか、ということにもなるのではないか。森崎が日本と朝鮮の間で苦悶し、性と階級の問題にこだわってきたというなら、「在日」は基本的には日本と朝鮮のはざまにあって「民族」の問題にこだわってきたのではないか、そしてそれがいつまで可能な、あるいは必要な命題なのか疑問だ、ということである。

こんなことを言うのは辛いが、現段階において、もはや「在日」は一つの「民族集団」であると把握するのは難しい。日本の旧植民地出身者、アウトサイダー、ある意味でマイノリティであり続けた「在日」は、今まではそれでも民族や国家と関連づけて議論される傾向が強かったが、その時代はすでに過ぎ去りつつある。「在日」は元に戻るところもないし、未来にめざすところもない。「在日」は「共同幻想」であると言う人もいる。かといって、いかに同調圧力が強いといえども、また若い世代になるほど民族的意識が弱まっていくといっても、「在日」が日本に同一化するのは難しいと思う。国家としての日本はもちろん、日本社会に厳然としてある集団的無意識になじむのも難しいのではないか。「帰化」しても同じであり、日本国籍を取らないままにひっそりと生きようとしても、何かしら圧迫感というか、被抑圧感といったものを感じてしまう。だからといって北や南の朝鮮に同一化しようとするのはもっと難しいし、事実上不可能ではないかと思われる。難民・移民が世界にあふれ、朝鮮半島にルーツをもつ「在日」ないしは「在日」出身者も韓国、共和国、アメリカ、ヨーロッパ、その他にたくさん暮らしているが、国籍のありようがどうであれ、自らの出自から逃れられないままに、それにこだわりながら生きていくしかない。

森崎和江は、自民族と相手側の民族との両方に対するコンプレックス、分裂感をもって生きたと言ったが、「在日」も、元「在日」も、たぶんそうであろう。コンプレックスとか分裂感といったものを持ち続けているはずであるが、しかしそれは必ずしもマイナスの面でのみ捉える必要はない。むしろ森崎の言葉を想起するなら、「在日朝鮮人の、ことばと思想との内的関連とも関係して、……両民族に対する批判的な力量へまで追いこむほかない」ということが重要になる。ここではあえて、日本と朝鮮の両民族と明示する必要はないだろう。民族であれ、民族主義や民族意識であれ、あるいはナショナリズムとでも言うのか、国家や民族にまつわる外部からの強制的な力と言うか、枠組みとでも言おうか、いずれにしろ、そうしたものに抗い、乗り超えていく力をもつ生き方をしなければいけない、ということである。

「主体性」という言葉で考えてみるなら、「在日」にとって主体性とは何か、必ずしも明らかではない。日々の生活・人生を取り巻く諸条件があまりに複雑である。世界観とか人間観というよりは、日常の生き方は、と問うほうがまだいいのかも知れない。自分の内部にある諸々の矛盾を無理に解消していこうとはしないほうがいい。つまり、自分に忠実に生きることが、たとえ右往左往することはあっても、「主体的」であるのではないかと思える。

その場合、森崎和江の言う性と階級の問題は重要である。「日本の一人の女」という代わりに、「在日」の一人の男」という言葉をかかげようとすると、それだけで卒倒しそうになってしまう。「在日」が何であるかわからないのに、「男として」というと、はたしてどうなるのか。女というと、産む性、弱い立場、差別される、という側面で考えられるが、男というとどうなるのか。男を差別してはいけない、男を尊重しなくてはいけないという言葉は現実にはほとんど使わない。「男」はたいてい、「人間」と等号で結ばれるものとしてあったのであり、女を差別してはいけない、とは言っても、男を差別してはいけない、という表現にはならなかった。男＝人間という陥穽とでも言おうか。それだけ世界が男社会であったということであり、私自身、どうにも弁明できず、言葉が見つからない、と言うしかない。

歳を重ねた私自身、自分のことを反省するなら、「在日」として、「生活者」の視点をきちんともてなかったことに慚愧の念に堪えない思いがする。一生懸命生きてきたつもりではあるが、結果として、さまざまな問題を抱え込んで生きている。たぶん局面は違っても、誰しもそうかも知れないが、もう少し「在日」として在日社会、同胞たちと接点をもって、その中で暮らすべきだったという後悔の念をもっている。もとより、人と交わるというとき、身近な人間関係自体にこそ、生きる苦しみの多くが内包されている。したがって、少し距離を置いてつながるということも大切だとは思う。

森崎和江は自らの「原罪」を断罪し、また女のもったさまざまな弱さを指摘しつつも、女の「力」の中に民衆の創造力を見つけ出そうとした。それは〈原罪を葬る旅〉であり、民族・階級・ジェンダーの結節点、東アジアの越境する連帯の思想を求め続けることであったのであろう（玄武岩、前掲「森崎和江の越境する連帯の思想」参照）。しかし今の私は、そんな難しいことは言えない。森崎は彷徨する旅人のように、自分が抱えた不安は、ごく普通の暮らしをしている日々の日常性にひそんでいると言った。私も同じである。日々の日常性の中に、私の不安や悩みがある。そして、いつか書いたことがあるが、自分の不安定さを支える思想というのは、たぶん日常の生活態度そのものの中にあるのであろう。それはときに喜びであるかも知れないが、心の奥底にはいつも言いしれぬ寂しさが潜んでいるのではなかろうか。

あとがき

私はじつは本を読むのはそう得意ではない。分厚い社会科学書や長編小説はそれだけで逃げたくなる。それでも必要な本は読まざるを得ないが、やはり必要な知識を得て、間違った判断をしないためという気持ちが強いからであろう。昔はもちろん、今もよく間違った判断をすることに愕然とすることがある。最近ではそのために、できるだけ自分の判断を断定的に言わないように心掛けているつもりであるが、いつもそういう訳にもいかない。とくにこれだけ社会が複雑になり、また高齢者が生きにくく、そしてとくに若い世代の感覚が摑めなくなってくると、そう簡単にああだ、こうだと、自分の判断を示すのが難しくなってくる。

「在日」は寄る辺のない存在であるが、そこで自分たちの不安定さを支える思想というのは、究極的には生死一如のリズムであり、そこには苦と楽、絶望と希望、邪と正、闇と光といった二項対立があるのではなく、その混在の中でもがき続ける自分自身があるのではないかと思う。しかも現実に、それを支える単純明快な思想は日常の生活態度とでも言ってよいのであろう。もちろん、日々の生活では、つねに喜怒哀楽があろうが、その心の奥底にはいつも寂しさが凍てついているのではないかと思われる。

二〇一五年に岩波書店から『「在日」の精神史』という三巻本を出した。自叙伝を少し含んだ在日朝鮮人の思想・精神史を扱ったものであるが、私としては最後の著作のつもりであった。しかし生き長らえるなかでその後やはり、あれこれと文章を書く機会があり、それを一冊の本としてまとめることにした。その意味で、この本は歳をとったいまの心境を一度整理してみるものになった。それがある程度でもできたのかどうか自信はないが、こうして己を整えようとする前に、本当は己を曝(さら)け出すことが必要なのかも知れない。すごく勇気のいる難しいことだけど。いずれにしろ、人は堂々と、毅然と生きようとは思っても、それだけでは済まないようである。だからこそ人には、修行が必要であり、自分自身を追い求めていくことが必要なのであろう。

「生と死──ある「在日」の断想」という書名であるが、満七八歳を迎えたいま、私には何も残っておらず、ただ寂しい思いがするだけのようでもある。死なずに生きていても、もう少しで死んでしまう。死から逃れることはできず、結局は死を迎えることになる。無理に死のうと思ったり、生き続けようとあたふた心を砕くのは止めたほうがいいのだろう。人生、こんなもの、生きる意味を強いて求める必要はない、といったところではないのか。生きるというのは不安と迷いに満ち満ちたもので、悲しみがあるからこそ、笑いがあり、寂しさがあるからこそ、悦びがあるのだと思う。あるいは、人生、絶望の中にほのかな希望が芽吹き、悦びの中にもいちまつの寂しさが漂う、とでも言っていいのか。

人は常に生きるために何かを大事に、ときに最上のものとして位置付けてきた。家や家族、同胞社会、組織、民族、革命……。それらにはすべて幻想が付随していたが、それでも人は、そうしたもの無くしては生きていけないのかも知れなかった。しかし時代の流れの中で、現実には、家や家族、同胞社会、地域社会、それにイデオロギーというか、信念、愛国意識、さらには宗教的といったような支えも急速になくなりつつあるかのようである。孤立無縁の状況にさらされていく中で、日常の生活における不安や悩みは大きくなるしかない。

家族は多くの人にとって必然的なもので、親しみや情愛があるだけでなく、ときに直視したくない負の思いやしがらみをはらんだものでもある。核家族化が深まっていく中で、「家族はいいもの」という想いが強くもなっていくが、ただ真実そうなのかは人によって、見方によって違ってくるし、幻想ではないかという疑念も起こってくる。血のつながりをあまりに重視すると、民族や国家への思い込みを大きくし、他民族の排除や国家主義につながる危険もある。家族をどう作り上げ、維持していくのか、理性と努力を要する面倒なものであろうが、私にはまだまだわからないことである。

在日二世は自己否定が基本的認識であったと言ってよい。一世は自分を否定することはなかった。苦労はしても朝鮮そのものを生きた。しかし二世は朝鮮人でもなく日本人でもない自分のあり方に迷い、いったん自分を否定して朝鮮人になろうとすることが必要であった。その苦痛を逃れるためには民族意識が必要であり、朝鮮語の修得が必要であった。時代状況の中で、その民族意識と朝鮮語は北朝鮮・総連につながるイデオロギー性を帯びることになった。そして今にいたって、韓国の存在がかなり大きくなったとはいえ、そうした在日二世の民族意識は、民族的・文化的多様性が闊歩する現代において、なおもその原型めいたものを引きずっているのであり、それで生きて行かざるを得ない局面が多いのではと思われる。「在日」というとそのくくりに反発する人もいようが、在日二世のそうした歴史の苦痛を理解しないままに、マイノリティとか外国人、さらにはアジア人といった枠組みで考えるのは、重要ではあるが、まだ時期尚早ではないかと思う。

歴史は毎日動いている。しかしその動きは進歩とか発展という方向であるとは言えない。むしろ現実は前を向くことも後退することも難しい迷走であるかのようであり、もしかしたら避けがたい破滅に至るものであると言うこともできる。毎年八月、日本の「終戦」の反省は、官民総出で自国民三一〇万人の犠牲者についてのみ語り、二〇〇〇万人とも三〇〇〇万人とも言われるアジアの犠牲者についてはほとんど言及しなくなっている。アジア諸国への加害責任や反省の言葉が見られないとき、それは転落する一方への道に直結する。「経済大国」と言われた日本であるが、その後衰退を続け、ここ十数年で不安が人びとを襲い、活力や希望を見出しにくくなっている。暗闇の中で分断だけが目立つようになった感がする。言いしれぬ緊張感、得体の知れぬ緊張感の中にいるようで、とくに高齢者は先行きの見通しをまったく持てないでいるような気がする。

しかもいま、ロシアのウクライナ侵攻という思ってもみなかった国際政治の現実にあって、民主主義と権威主義の対立・対決というような発想が強まっているようである。しかし世界の現実を見るとき、西側先進国そして日本を中心とする民主主義陣営が正であり、義であるとは言えない状況である。二〇〇一年九月のアメリカの世界貿易センタービル爆破などを契機に強調され始めた「対テロ戦争」という言葉自体、第二次世界大戦後の歴史の事実を見るとき、曖昧で、根拠希薄のようにも見えてくる。

人は寝る、食べる、運動する、が生活の基本だと言える。そこに生活費を得るために働くとか、知識を身につけるために勉強するというのが加わるはずである。もちろん生きるプロセスで言うなら、生まれ、育ち、結婚し、産み、育て、老いる、ということが軸になる。そう考えると資料や本を読み、文章を書くというのはそう本質的なものでないはずである。しかし研究者・学者というのは得てしてそれが人生の中軸で、中心であるように錯覚しがちである。たぶん私もいつのころからか、そうであったような気がする。いまから思うと、それは大変不幸なことではなかったかと思うときが少なくない。「在日を生きる」としばしば言ってきたが、はたして「在日」が何であるのかわかっていたのか、あるいは「在日」である意味をとことん追求してきたのか、怪しい限りである。いまとなっては「在日」について中途半端であるだけでなく、もちろん「人間」とは何かも、ほとんどわかっていないのではないかと愕然とする思いである。

それにしても、最近、人は一人では生きられないものであることを痛切に感じる。人間は自然の連環の中にいるが、しかし現実にはまず、社会的な関係の中で生きている。そこで自己中心性から出発しながらも、他者と世界と繋がりたいという希望をもち、自己中心性を超え出てしまう自分を求めていくものである。したがって人との交わりなくしては生きていけないし、とくにその基礎である家族は倫理とか科学といったものでは解き明かせない濃密で代替え不能な要素をもっている。ときにそれを無くし、あるいはその外側で生きざるを得なくなると、ほとんど死ぬことと同じような意味をもってしまうこともある。よく口にする民主主義という言葉も、その本来の意味は、人と交わり、ともに暮らす、ということなのかも知れない。

しかし、である。交わりといっても、一番近い人間関係の中にこそ矛盾や醜悪さが潜んでいることを思うとき、そう簡単に交わりが大切だとも言いにくい。「在日」はとくに日本人以上に、家族や職場、学校、地域など、仲間内の「社会」は狭く、頼る場所も少なく、追いこまれがちになる。そうしてみると、自分自身が世界や歴史、社会、そして家族などの中で現実に一致しうる場所を見出すというのは至難の業であり、実際には、自分自身、救いようのない違和の中にあり続けるということにしかならないのかも。もしかすると、交わり、繋がりというのは、それ自体、いつ転げ落ちるかも知れない綱渡りなのかも知れない。言わば、どんな過ごし方をしても、違和感が残り、満足感が得られない、それが日常の生活、人生であるのかも知れない。

若きころ、閉塞的な状況の中で、一度はキリスト教の信仰に心を寄せるときもあった。しかしそのあと、民族、国家、統一の理念から出発した私は、そうした理念が長い時の流れの中で揺らいでいきつつあった日々を、どのように自分自身を納得させながら生きてきたのか。京都・西陣での成長期の記憶を引きずりながら、脱植民地主義の課題をおぼろげながらも意識しつつ、民主主義とか人道主義、そして近年ではジェンダーといった考えに共感し、寄り添いながらそれでも生きてきたような思いである。しかし実際には霧の中を歩いているようなもので、明確な、納得する理念とか、思想を摑み切っているわけではない。その点、民主主義とは、人と交わり、ともに暮らすこと、と捉えれば、参政権のない私にも少しは納得できるのではないかという気もする。不安と迷いに満ちながらもなおも求め続ける、これはどうにもならないことであり、若いころからの繰り返しばかりのような気がする。

近年の私は仏教ないしは仏教的なものに関心をもってきた。しかしだからといって私はそうした信仰をもっているわけではない。念仏を唱えるとか、教理を勉強することに心が惹かれることはない。自分の生き方を思い巡らす中で、いろいろと考えてきただけである。ただ坐禅には少々関心があり、坐禅会に出席したりもする。私にとって、強いて理念的なものは何かと問うなら、やはり南北朝鮮の和解、自主的平和統一を望んでいることであろうと思う。

いまこの時期、毎日のように寒い朝、小っちゃな裏庭に面した窓辺にすわり、温かいお茶をいただく。秋も深まると、柿の実が落ち、やがてもみじが色づき綺麗に映える。何本かの花も美しい姿を見せてくれる。しかし間もなくもみじの葉っぱは散り始め、花もしおれていく。厳しい冬を越せば、また木も花も元気に華やいでくれるはずである。私にとっては春先の木々のもえぎ色はたまらなく心をわくわくさせてくれるものである。しかし、寒い朝のいまこの瞬間、ときに小鳥のさえずりが聞こえる中、春の木々や花の華やぎよりも、しおれ、すたれていくものの姿になぜか感動させられる。それは限りなく愛おしく美しく感じられるものであり、もしかしたら老いの姿に重なるものであるのかも知れない。そこに自然そして人の命の真実を見るような思いであり、ほのかな光めいたものを遠くに見る思いでもある。

この本に未収録の論稿として、「自己と普遍的なものをつなぐ回路――白楽晴《ペクナクチョン》の仏教的思考」(『思想』第一二五〇号、二〇二〇年二月)があるが、今回は尹健次の死生観で一冊の本を作りたいという出版元の意向もあって、割愛することにした。初出の記載にもあるように、本書収録の論稿の少なからぬものは、私が主として力を注いできた在日総合誌『抗路』に掲載されたものである。昨年一二月に第10号を出し、ひと区切りついたばかりである。本書の出版元であるクレインは雑誌『抗路』の出版元でもある。社主の文弘樹氏にたいへんお世話になったことを記しておきたい。

二〇二三年一月

尹　健次

初出一覧

Ⅰ　死に向きあう（『抗路』第10号、二〇二二年一二月）

Ⅱ　漂泊を生きる（『韓日民族問題研究』第42号、韓日民族問題学会、二〇二二年六月）

Ⅲ　四苦八苦をどう乗り超えるか（原題「なぜ韓龍雲なのか——四苦八苦をどう乗り超えるか」『抗路』第5号、二〇一八年七月）

Ⅳ　「老い」をどう生きるか——「仏教アナキズム」という考え方（『抗路』第9号、二〇二二年一月）

Ⅴ　日本語と朝鮮語——主体の揺らぎ（『抗路』第8号、二〇二一年三月）

Ⅵ　竹内好の思想に学ぶ——「在日」にとっての絶望、抵抗、敗北感の持続（『コリア研究』第11号、立命館大学コリア研究所、二〇二一年三月）

Ⅶ　彷徨の旅——森崎和江との対話を試みて（書き下ろし）

＊初出が『抗路』の論稿については、本書収録に際して、大幅な加筆（Ⅰ）と一部補訂（Ⅲ、Ⅳ、Ⅴ）をおこなっている。

【著者紹介】
尹　健次（ユン・コォンチャ）
1944年, 京都市生まれ.
神奈川大学名誉教授.『在日総合誌　抗路』編集委員.
近代日朝関係史, 思想史専攻.
主な著書に,
『孤絶の歴史意識』『現代韓国の思想』『思想体験の交錯』
『「在日」の精神史　全3巻』(以上, 岩波書店),『尹健次詩集
冬の森』(影書房), などがある.

生と死　ある「在日」の断想

2023年 4月 10日　第1刷発行

著　者◉尹　健次
発行者◉文　弘樹
発行所◉クレイン
〒180-0004
東京都武蔵野市吉祥寺本町 1-32-9-504
TEL 0422-28-7780
FAX 0422-28-7781
http://www.cranebook.net

印刷所◉シナノパブリッシングプレス

ISBN978-4-906681-64-8

協　力◉渡辺康弘